会社に行きたくないと思った時に読む本

〜心が軽くなる言葉90〜

JN243468

【目次】

〝会社に行きたくない〟は人生のチャンスかもしれない

本書を手にとったということは、あなたはずばり**〝今の自分の状況に何かしらの迷いがある〟**ということだと思います。〝会社に行きたくない〟〝今の仕事はやりたくない〟〝このままでいいのか?〟など、理由はさまざまでしょうが、少なくとも現状に満足はしていないはずです。

〝会社に行きたくない〟と聞くと、ネガティブなイメージがつきまとい、**〝これだから最近の若い者は〟〝今さらやめてどうなるの?〟〝石の上にも3年だよ〟**など、周囲の人々からは冷たい視線を送られることが多いでしょう。しかし、なぜ〝会社に行きたくない〟のかを突き詰めて考えてみたことはありますでしょうか?

我々の体は風邪をひくと、危険を知らせるために発熱したり、節々が痛みだしたりなど、あらゆる症状があらわれてきます。それと同じように、〝会社に行きたくない〟という感情は、精神的な面で、脳から〝危険信号〟が発せられている状態だとも言えなくはないのです。

〝心が風邪をひいている〟――。つまりはそういうことではないでしょうか?

人は風邪から回復すると、リフレッシュした気分になれて、再び生きる気力がわいてくるものです。ですから、〝心が風邪をひいている〟状態を放っておくのは、得策ではありません。その病を克服したとき、あなたはさらなるエネルギーを手に入れることができるはずなのですから……。

そう、**〝会社に行きたくない〟**を見つめ直すことによって、それは人生の**〝チャンス〟**ともとらえることができるのです。

本書では、現代の社会人が感じているであろう、さまざまな〝心の風邪〟をピックアップしています。そして、それぞれの〝風邪〟を治療するために、〝名言〟という〝処方箋〟を集めてみました。

「うまい言葉の一言は、悪い本の一冊に勝る」。

これは、19世紀のフランスの小説家であるジュール・ルナールの一言ですが、まさにその言葉通り、偉大なる先人たちからのメッセージほど、〝心の風邪〟を治療するのに適したものはないように感じられます。

長ったらしい講釈や押しつけがましい物語は、ときに人々をさらなる迷宮へと入り込ませることにもなりかねません。自らの意志で気に入った言葉を選び、それを自らの心に留め、自らを戒め、自らを励ましていく……。言葉の〝処方箋〟をきっかけに、あなた自身で〝心の風邪〟と向き合ってみてください。

〝会社に行きたくない〟――。それはまさにビッグチャンスなのですから……。

――ビジネス格言研究会

第1言

今日、会社に行きたくない人に贈る言葉

会社に行きたくない7つの原因

自殺者が最も多いのは月曜日⁉
“ブルーマンデー症候群”は誰にでも起こる

楽しかった週末がアッという間に過ぎ去り、迎えた月曜日の朝。「ここからまた1週間が始まると思うと気が重い……。今日は会社や学校に行きたくないなぁ……」そんなことを思った経験、誰もが1度や2度くらいはあるのではないでしょうか。このように、月曜日の朝を憂鬱に感じてしまう症状のことを**“ブルーマンデー症候群”**と言います。はじめの頃は何とか気持ちで乗り越えてしまえるので軽く考えがちですが、放っておくと体調を崩すことや鬱病の原因にもなりかねないので、注意が必要です。

ブルーマンデー症候群の原因は、**休日に遊びすぎて疲れがとれないこと**や、**月曜日に実績報告やノルマの確認を伴う定例会議があること**、そして**休日から出勤・通学に移るときの気持ちの切り替えがうまくいかないこと**などが考えられます。この症状は充実した週末を過ごしている人ほど、平日とのギャップで症状が出やすいという傾向にあるようです。

厚労省の調べによると、1週間のうち**自殺者が最も多いのも月曜日**だそうです。反対に、土日は少ないこともわかっています。そこまで追い詰められてしまう前に、何らかの対策をとらなければなりません。では、これらの症状を解消するためには、一体どのような対策が有効なのでしょうか。

最も手っ取り早いのは**〝月曜日の業務の負担を軽くする〟**という方法です。重要な会議やアポイントはただでさえ億劫なもの。それをエンジンのかかり切らない月曜日に入れてしまうと心労は倍増します。できることならば、月曜日は休みと仕事の切り替えを心がけましょう。もちろん、自分の都合では業務を変えられない場合もあります。そんな時には、**週の半ばに〝お楽しみ〟を用意する**といいかもしれません。月曜日から5日間も仕事漬けだと思うと気が重くなるのも無理はありません。週の半ばに、友人との食事やストレス発散のための運動など、楽しみを用意しておくと気持ちは遥かに軽くなります。

仕事に対して憂鬱な気持ちになってしまうのは、何も特別なことではありません。それどころか、歴史に名を残すような偉人やスポーツ選手でさえも、時には仕事に対して憂鬱な気分を抱えているのです。彼らの言葉は、きっと我々の心を軽くしてくれるはずです。

「ぼくも、グラウンドに行きたくない日はたくさんあるのです。そのときには職業意識が出てきます。〝仕事だからしょうがない〟と、自分に言い聞かせるときもあるのです」

――イチロー（プロ野球選手）

解説

日本国内はもちろんのこと、今やアメリカ中でも知らない者はいないほどの名プレーヤーとなったイチロー選手。

天才の名をほしいままにする彼にも、〝仕事場〟に行きたくない日はあるそうです。

そんな憂鬱な気分を乗り越えるために、イチロー選手が心がけているのは**〝野球を仕事だと割り切ること〟**だとか。どんな窮地をも天才的な能力で乗り切ってきたように見えるイチロー選手ですが、彼とて我々と同じひとりの人間。

〝仕事〟を続けていくためには、**職業意識が必要**なのだと言います。

〝仕事は仕事〟と割り切って、いつも通りにバットを降り続けることが、仕事で常に高いパフォーマンスを維持するための秘訣なのかもしれません。

Profile イチロー

●ニューヨーク・ヤンキースに所属。NPB・MLBの双方で活躍。MLBのシーズン最多安打記録や10年連続200安打などの多数の記録を保持している。走攻守すべての面で数多くの記録を打ち立ててきたことにより、将来の野球殿堂入りが確実視されている。

「毎日家にいて、やることがなくって困ってますよ。仕事、本当に面白いのは仕事だけ」

――本田宗一郎（本田技研工業創業者）

解説

日本が世界に誇る自動車メーカー・ＨＯＮＤＡの創業者である本田宗一郎は、会社の経営から退いた後のインタビューでこう答えました。

人生の大半を仕事に注いだ彼らしい言葉ですが、果たして他の人間には当てはまらないような特殊な言葉でしょうか。

仕事が生き甲斐だとは思っていなかった人でも、実際に引退してみると手持ち無沙汰で、時間の使い方に困ってしまうという人は少なくありません。

日々の大半を占めている仕事がなくなった時のことを想像してみましょう。それは果たして、自分が望む幸せな生活だと言えるでしょうか。

人間とは**隣の芝生が青く見え**、自分が持っていない物を欲し、失ってしまうまで物事の大切さを実感することができない生き物なのかもしれません。

Profile **本田宗一郎**

●自動車メーカー「HONDA」の創業者。自動車修理工場のアート商会に丁稚奉公として入り、6年の勤務ののちのれん分けを受け、故郷の浜松で独立。その後、本田技研工業株式会社を設立し二輪車の研究をスタートさせる。HONDAを世界的企業へと育て上げた。

「人生の中の仕事であって、仕事のための人生ではない」

――原田泳幸（日本マクドナルドホールディングス取締役会長）

解説

「自分は何のために仕事をするのか？」

それは、現代を生きる我々が問い続ける命題であり、永遠のテーマです。

アップルコンピュータ、マクドナルド、ベネッセと名だたる大企業で経営の手腕を振るってきた原田氏は、仕事についてこのような考えを述べています。

曰く、**仕事は人生のうちの一部分**でしかないと。

人生において仕事が占める割合は非常に大きく、時間や収入、社会的地位など多くの要素が仕事によって左右されます。

それゆえ、人は人生そのものを仕事だけに捧げてしまいがちなのです。

人生には、恋愛があり、遊びがあり、もちろん自由な時間もあり、**仕事はそのうちの一要素**でしかないことを忘れないようにしましょう。

Profile 原田泳幸

●日本マクドナルドホールディングス取締役会長であり、ベネッセコーポレーションの代表取締役社長も務める実業家。過去にはiPhoneなどで知られるアップルコンピュータ社で代表取締役に就いていた経験もある。大胆な経営戦略で知られ、経営論に関する著書も多数。

「〝休みをとりたいなぁ〟と思ったら、その仕事はあなたに合っていない」

――ドナルド・トランプ（アメリカの実業家）

解説

こう断言するトランプ氏は、父が経営する不動産会社で培った経験をもとに、不動産業で大きな成功を収めました。

トランプ氏が成功した理由をひとつに絞ることはできませんが、少なくとも**〝その仕事が彼に合っていた〟**ということは疑いようもありません。

一見辛辣にも思える言葉ですが、この後には次のような言葉が続きます。

「理想的な仕事とは、仕事と休みの区別がつかないようなものである」

日本にも〝好きこそ物の上手なれ〟という諺《ことわざ》がありますが、その職種が好きか嫌いか、合っているかいないかというポイントはとても重要なのです。

その仕事に夢中になれず、頻繁に休みを取りたいと感じるようならば、思い切って〝辞める〟という選択も必要かもしれません。

Profile ドナルド・トランプ

●1980年代に巻き起こった不動産ブームでオフィスビルの開発やホテル経営などに乗り出し、莫大な財産を築き上げたアメリカの不動産王。自らが経営する不動産に「トランプ・タワー」など自分の名前を付けることでも有名で、資産額は20億ドルともいわれている。

「人生、楽しめるうちに楽しみなさい。寄り道、回り道もおおいに結構。他人を気にせずマイペースを貫け。会社や仕事に振り回されるな。やりたいことは先延ばしするな。いつ死んでもいいように悔いのない生活を！」

――大前研一（経営コンサルタント）

解説

日本には〝**我慢することが美徳である**〟といった風潮があります。

しかし、限りある人生のことを思った時、それは本当に有意義な選択だと言えるのでしょうか？

経営コンサルタント、大学教授、政治団体の設立など、様々な経験を持つ大前氏は、これに対してハッキリと〝NO〟を突きつけています。

大前氏は、やりたいことを片っ端から実践し、**徹底的に楽しみ尽くすこと**こそが悔いのない人生であると力説しています。

文字にするとごく当たり前のことのように思えますが、これを実践できている人が果たしてどれだけいるでしょう。

会社に振り回されない覚悟こそが人生を充実させる鍵なのかもしれません。

Profile **大前研一**

●日本の経営コンサルタント。アメリカ・カルフォルニア大学や、韓国の梨花女子大学での教授経験を持つほか、1995年には東京都知事選にも立候補している。結果的に青島幸男候補に敗れはしたものの、興味のある世界には躊躇なく飛び込む姿勢を貫いている。

「怠惰は魅力的に見えるけど、満足感を与えてくれるのは働くこと」

――アンネ・フランク（『アンネの日記』の著者）

解説

〝働く〟という言葉には、「疲れる」や「面倒くさい」という、どこかネガティブなイメージがついて回ります。

一方、〝怠惰〟という言葉には「楽だ」という印象がありますが、その先に待ち構えているのが幸福な結末でないことは誰もがご存知の通りです。

働くことは確かに疲れることで、面倒くさい側面もありますが、同時に怠惰な生活では決して味わうことのできない**〝満足感〟**を与えてくれます。

この言葉を残したアンネ・フランクは、戦時下という状況において、働くことなどとても許されない隠れ家での生活を余儀なくされていました。

働きたくても働けない人がいることを考えると、疲れや面倒が伴う仕事での満足感は、**ナニモノにも代え難い喜び**に感じられるのではないでしょうか。

Profile　アンネ・フランク

●ドイツのフランクフルト、アム・マインに生まれたユダヤ系ドイツ人の少女。徹底した反ユダヤ主義を掲げたナチスが政権を握った後、その迫害を逃れるためにオランダへ亡命。隠れ家での生活を強いられていたが、秘密警察に発見され、強制収容所で命を落とした。

「人生の一番のご褒美とは、為す価値のある仕事を一生懸命為す機会が与えられることに違いない」

——セオドア・ルーズベルト（アメリカの第26代大統領）

解説

世の中で一体どれだけの人が自分の仕事に**〝価値〟**を感じているでしょう。はじめは仕事に〝価値〟や〝やりがい〟を求めていた人でも、いつの間にか**〝食べていくための手段〟**に成り代わっていたというケースも多いのではないでしょうか。

若くして自分が夢中になれる仕事と出会える人もいれば、それが見つからないまま多くの時間を費やしてしまう人もいます。

ルーズベルト氏が言うように、自分が精一杯の情熱を傾けられる仕事に出会えることは、決して当たり前のことではなく、とても幸運なことなのです。

仕事を長く続けていると壁にぶつかったり、嫌になってしまうこともありますが、そんな時は感情的にならず、**初心に返ってみる**といいかもしれません。

Profile　セオドア・ルーズベルト

●ハーバード大学を卒業後、アメリカ合衆国海軍次官を経て、40歳の時にニューヨーク州知事に就任。それから２年のうちに、42歳という史上最年少の若さでアメリカ合衆国第26代大統領に就任した。日露戦争の停戦仲介などが評価され、ノーベル平和賞を受賞している。

「仕事は人間に必要だ。だから人は目覚まし時計を発明した」

――パブロ・ピカソ（フランスの画家）

解説

人間にとって仕事が何であるかを説明するために、天才・ピカソは**目覚まし時計の発明**を引き合いに出しました。

もしも、働かずして生きていけるのならば、人間は決まった時間に起きる必要がありません。

しかし、そうなった場合、人間はどうなってしまうのでしょう。

好きな時間に起き、好きな時間に食べ、好きな時間に眠る。

それは、**動物と何ら変わりのない生活**だと言えます。

つまり、仕事とは人間を人間たらしめるものなのではないでしょうか。

人間は人間であるために仕事をし、そのために決まった時間に目覚まし時計をかけ、今日も規則的な1日を過ごすのです。

Profile パブロ・ピカソ

●キュビズムの創始者として知られる画家。代表作である『泣く女』や『ゲルニカ』をはじめ、生涯に1万3500点の絵画と10万点の版画、300点の彫刻や陶器などを製作し、世界で最も多作な美術家としてギネスブックに登録されている。享年91歳だった。

「多忙は生気が欠乏する兆候である。そして、怠ける能力は大いなる嗜好欲と、強い個性の意識とを意味する」

――ロバート・ルイス・スティーヴンソン（イギリスの小説家）

解説

人の命令に従うことは、ある意味ではとても楽で、簡単なことです。

言われたことを言われた通りに行なえばいいだけなので、ロボットにだって忠実にこなすことができます。

これに対して、**怠けるということは意外と難しい**ものです。

そこには〝**断る力**〟や〝**先を見通す力**〟、それに〝**ペース配分を決める力**〟など、個人的な能力が必要なのです。

これは自ら考える力を持たないロボットには難しい作業です。

命令に忠実な人にはたくさんの仕事が回ってきますが、それは本当に自分が必要とされて依頼されている仕事なのでしょうか？

「忙しい」が口癖になっていたら、仕事内容を見直す機会かもしれません。

Profile　ロバート・ルイス・スティーヴンソン

●スコットランドのエディンバラ出身の小説家。生まれつき病弱な体質だったため、療養のため各地を転々としながら執筆活動に励んだ。最後は自らの健康のためにサモア諸島のウポルー島へ移住した。代表作に『宝島』や『ジキル博士とハイド氏』がある。

「仕事なんて辞めたいくらいがちょうどいい」

――小泉今日子（日本の女優）

解説

アイドル、歌手、女優と様々な顔を持ち、入れ替わりの激しい芸能界で今も第一線で活躍し続ける小泉今日子さん。

そんな彼女にとって、仕事とは好きで好きでたまらないという存在ではなかったようです。

あるテレビ番組で「仕事を辞めたいと思ったことはありますか？」と問われた彼女は、**「毎日思っている」**と告白した上で、このように述べました。

好きな仕事に就くことに憧れる人は多いですが、好きだからこそ仕事に失望したり、傷ついたりすることもあるということはあまり語られていません。

恋愛にせよ仕事にせよ、そこにどれだけの熱量を注ぐかはとても大切です。

いい意味で力を抜くことが、楽しく続けられるコツなのかもしれません。

Profile **小泉今日子**

●「キョンキョン」の愛称で知られる日本の女優・歌手。1981年にオーディション番組『スター誕生！』に出演したことをきっかけに芸能界デビュー。『渚のはいから人魚』や『なんてったってアイドル』などのヒット曲を連発した。最近では女優としての活躍が目立つ。

エトセトラ

新入社員にオリジナリティはない。「謙虚」の一語を叩き込み、「この人だ」と思う人のコピーをするがいい。

嵐山光三郎（日本の作家）

仕事が楽しみならば人生は極楽。仕事が義務ならば人生は地獄。

マクシム・ゴーリキー（ロシアの作家）

困難でない仕事というものは、たいてい価値がないものです。

シャーロット・ブロンテ（イギリスの小説家）

人間はぬくぬくしはじめると、ろくな仕事はせぬ。追い詰められると、龍が玉を吐くように命を吐く。

紀野一義（日本の仏教学者）

人の仕事はこれまで色々学ばせてもらったことへのお礼。いつも人の役に立っているという辛抱がなければそれは仕事ではない。

灰谷健次郎（日本の児童文学作家）

仕事っていうのは、そもそも他人のものなんです。だけどね、それを自分でしかできないものにして返してやる。それが面白いんです。そうじゃなかったら苦痛なだけです。

井筒和幸（日本の映画監督）

わずかの人間が決めた賞なんて、そうたいした名誉ではない。私が欲しいのは大衆の喝采だ。大衆が私の仕事を賞賛してくれたならば、それで十分だ。

チャールズ・チャップリン（イギリスの映画監督）

第2言

転職・退職を考えている人のための天言

仕事を前向きに辞めるための心得

辞めることは後ろめたいことではない！悩んでいるくらいなら可能性に賭けよう！

〝物事を最後までやり通すこと〟が良しとされる日本社会において、**〝途中で辞めること〟**にはどうしても後ろめたさがつきまといます。しかし、辞めることとは本当に後ろ向きな行為なのでしょうか。

まずはっきりさせておかなければいけないのが**〝辞める〟**と**〝断念する〟という行為が****まったくの別物**であるということです。断念するという行為が行き着く先は、思い描いていた目標への不到達ですが、辞めるという行為は、目標へ到達するための手段や道のりの**〝修正〟**となり得ます。つまり、次なる一手の始まりとなるアクションなのです。

このままでは見据えた目標には到達できないと気がついておきながら、そのままの道を進み続けるのは、賢い選択とは言えません。気づいたからには、その手段や道のりを積極的に〝辞め〟て、新しい方法を試すべきなのではないでしょうか。

例えば、自分が思い描く理想像があるとして、今のままの会社に勤めていてもこれ以上成長できる見込みがないとわかったにもかかわらず、現実を見て見ぬフリをしながら仕事を続けていくのは、単なる**〝停滞〟**に過ぎません。言い方を変えると、時間の浪費です。

それならばいっそのこと、今の会社を辞め、自分が確実に成長できるであろう環境に飛び込む方が、目標達成への近道なのではないでしょうか。この時の〝辞める〟という行為は、とても前向きなアクションだと言えるでしょう。重要なのは〝手段〟や〝道のり〟ではなく、**最終的な〝目標〟**なのです。

辞める理由は必ずしも〝高みを目指す〟という目標でなくとも構いません。**「パワハラがキツい」**や**「仕事内容がつまらない」**など**〝現状から脱却する〟**という目標も、十分な理由になるでしょう。どんな目標であれ、自分が叶えたいと思うことならば、〝辞める〟という行為に後ろめたさや敗北感を感じる必要はないのです。

ただし、積極的に辞めるからには次へのアクションをしっかりと考えなくてはいけません。ただ単に〝辞めた〟で終わってしまっては、〝断念する〟ことと変わらなくなってしまいます。その後の行動こそが〝辞める〟ことの意味合いを大きく変えていきます。

「飽きちゃったから辞める。こういう発想が若い人に欲しいんです」

――成毛眞（日本の実業家）

解説

日本では物事を辞めることに対するアレルギーがとても強く、仕事を辞める際にも、それなりの理由が求められます。

「病気で仕事が続けられない」や「実家の商売を継ぐため」などのように、誰もが納得するような理由がある場合はいいですが、**「飽きてしまったので」**などと言ってしまうと、たちまち**〝いい加減で根性がない人間〟**などというレッテルを貼られてしまいます。

しかし、様々なチャレンジから自分の可能性を探し出すためには、**「この仕事はもう極めた。飽きたから次にいく」**というくらいのフットワークの軽さも必要です。

世間体を気にしすぎるあまり、一度入った会社に執着し続けるよりも、次々と転職してみた方がはるかに多くの可能性に気がつくことができるでしょう。

Profile **成毛眞**

●北海道札幌市出身の実業家。元マイクロソフトの社長で、現在は書評サイトHONZの代表や、投資コンサルティング会社インスパイアの取締役を務める。その他にも様々なベンチャー企業の顧問を兼任しており、多数のビジネス書を出版している。

「会社を辞めてゼロからやり直すのは面倒だし、苦労が多い。でも、だからこそ自分を磨くことができる」

――中村修二（技術者、電子工学者）

解説

同じ会社に長く在籍していると、人間関係や仕事内容などあらゆる面において苦労は減り、勉強や努力の必要性は徐々になくなっていきます。

この状態を〝楽〟と捉えるか〝物足りない〟と捉えるかは人それぞれですが、中村氏は**苦労のないところに成長はない**と言います。

例えば、すでに逆上がりができる人が、いくら逆上がりの練習を繰り返そうとも、それ以上の成長は望めません。

成長するためには常に新しい課題が必要で、しかもその課題に苦労が伴わない限り、個人の技術や能力は磨かれないのです。

今の会社に慣れてしまって、**自分の成長を感じられなくなっている**としたら、それは仕事や職場を見直す絶好の機会だと言えるかもしれません。

Profile　中村修二

●高輝度青色発光ダイオードを開発し、青色LED製品化に大きく貢献した技術者。この研究が評価され、2014年にはノーベル物理学賞を受賞した。複数の大学で教授を務める一方で、アメリカではLEDのベンチャー立ち上げ事業などにも積極的に携わっている。

「毎日〝いつ終わるか〟だけを考えているような仕事では、面白くないばかりではありません。楽しくない仕事からは創造性や工夫は出てきません。付加価値が生み出せないと仕事への誇りも生まれない」

――平尾誠二（元ラグビー日本代表監督）

解説

仕事に限った話ではありませんが、何事も退屈なことをしている時間は長く感じ、**楽しい時間はあっという間に過ぎていく**ものです。

しかし、仕事とは時間を切り売りすることではなく、こなした労働に見合った対価を受け取るものだということを忘れてはいけません。

ラグビー日本代表のキャプテンとしてチームを率いてきた経験を持つ平尾氏は、**楽しくない仕事からは創意工夫は生まれない**と言います。

楽しむことで創意工夫が生まれるとすれば、個人にとっても会社側にとっても、これ以上のメリットはないはずです。

日本では仕事を〝楽しむ〟という感覚があまり持たれていませんが、効率的に見ても、クオリティ面やモチベーションに関してもとても重要な要素です。

Profile **平尾誠二**

●中学入学と同時にラグビーを始め、京都の伏見工業高校の3年時に全国高校選手権大会で優勝した。19歳の時に史上最年少で日本代表に選出。同志社大学では史上初の大学選手権３連覇、神戸製鉄に入社後は日本選手権７連覇という輝かしい成績を残した。

「手なれたものには飛躍がない。常に猛烈なシロウトとして、危険をおかし、直感にかけてこそ、ひらめきが生まれるのだ」

――岡本太郎（芸術家）

解説

世間、常識、そして芸術そのものに疑問を投げかけ続けてきた岡本太郎氏。時に画家として、時に彫刻家として、そして時にはテレビタレントとして、縦横無尽に駆け回った彼の生き方は、常に新しいことに立ち向かっている人間ならではの好奇心とエネルギーに満ち溢れていました。

人は**何かを続けていると、遅かれ早かれ上達していく**ものです。

しかし、一定のところまで到達すると成長速度は緩やかになり、仕事に新鮮みを感じなくなってしまうばかりか、満足感で停滞しがちにもなってきます。

そんな状態に物足りなさを感じ始めた時はどうすればいいのでしょうか。

岡本氏は、**危険を冒してでも新しい針路を取るべき**だと主張します。

人間は常に挑戦する立場に身を置くことで、飛躍的に成長できるのです。

Profile　岡本太郎

●近代日本を代表する芸術家。戦後復興の象徴でもあった東京オリンピックでは参加メダルのデザインを担当し、世界に日本の経済成長を知らしめた。大阪万博では『太陽の塔』を製作。絵画や彫刻、分筆と、生涯に渡ってジャンルに囚われない活動を続けた。

「仕事を追え、仕事に追われるな」

――ベンジャミン・フランクリン（アメリカの政治家）

解説

人は仕事に追われて忙しくなると、徐々に余裕が失われ、心身共に疲れ果ててしまいます。

反対に、自ら積極的に取り組む仕事に関しては、時間を忘れるくらいのめり込むことができるでしょう。

仕事に追われることなく、自ら追いかけるためには**〝計画性〟が必要**です。行き当たりばったりの仕事というのは、バタバタと忙しい割に思ったほどの結果が出にくく、ストレスも溜まります。

これは仕事に追われている状態以外のナニモノでもありません。

自ら仕事を追うためには**主体性を持ち**、**常に先を見据え**、**計画的に行動する**必要があり、これが実現できれば気持ちは格段と楽になるはずです。

Profile ベンジャミン・フランクリン

●アメリカの政治家・気象学者。印刷業で成功を収めて、政界に進出。アメリカ建国の父のひとりとして讃えられ、現在の100ドル札に肖像が描かれている。気象学者としては、凧を用いた実験で雷が電気であることを証明。その過程で避雷針も開発した。

「いかに楽しい脚本を自分で作るか。楽しい役を用意するか。仕事はそこから始まるべきなんです」

――荒俣宏（作家）

解説

言うまでもなく、**人生の主役は自分自身**です。

その主役に、どんな人生を歩ませるかを決めるのもまた、自分なのです。

あなたは、どのような基準で仕事を選びましたか？

自分が主役だというのに、「何となく」や「他人から勧められて」という理由だったとすれば、あまりに味気ない選択ではないでしょうか。

人には誰しも、**自分の想い通りの人生を歩む権利**があります。

そうだとすれば、きっと自分で決めた人生の方が楽しいに違いありません。

まずは、楽しい人生を思い描くことから、それを実現させるための仕事を始めてみてもいいはずです。

様々なしがらみを取り除き、改めて理想の未来を思い描いてみましょう。

Profile 荒俣宏

●作家、博物学者、妖怪評論家、収集家、タレントと多彩な才能の持ち主。会社員をしながら、雑誌の編集や翻訳をこなすという多忙な生活を送り、多岐に渡る知識を得た。これまで書籍に費やした金額は5億円ともいわれ、現在でも毎日３～４冊の本を読んでいるという。

「合った職を探す。それが才能よ。才能ってのは、何も、創る人間にだけ使われる言葉じゃないと思う」

——矢沢永吉（日本のミュージシャン）

解説

貧しい少年時代を過ごした矢沢氏は、何度となく挫折を味わいながらも、自分の〝才能〟を信じ、日本屈指のロックスターへと成り上がっていきました。

しかし、彼は、〝才能〟とは、スポーツ選手やアーティストなど、個人の能力を売りにしている人達のためだけにある言葉ではないと言います。

能力を発揮する以前に、**「自分には何ができるのか」**や**「どんな仕事が向いているのか」**という答えを見つけ出せることこそが**〝才能〟**だというのです。

これは生まれ持ったものではなく、経験によって培われる力です。

もちろん、自分は今の仕事に合っていないと気づくのも才能のひとつ。

その能力を活かして、より活躍できる場所を選ぶことで、閉ざされているように見える道も一気に開けていくのではないでしょうか。

Profile 矢沢永吉

●広島出身のロックミュージシャン。1972年にロックバンド『CAROL』を結成。歌謡曲とフォークソングが主流だった日本の音楽業界に、革ジャンとリーゼントというスタイルで登場した。解散後はソロとして活動。熱狂的なファンを持つことでも有名。

「物事を始めるチャンスを、私は逃さない。たとえマスタードの種のように小さな始まりでも、芽を出し、根を張ることがいくらでもある」

――フローレンス・ナイチンゲール（イギリスの看護師）

解説

チャンスを見つけた時、躊躇なく飛びつけるかどうか。

それが人生を大きく左右する分岐点になることは誰もがよく知っています。

しかし、多くの人は**「このまま待っていればもっと大きなチャンスがやってくるかもしれない」**と考えがちで、踏み切れずにいます。

〝1〟でも〝100〟でもチャンスの大きさは問題ではありません。

そこに気がついて、飛びつけるか飛びつけないかという一歩の違いが**〝0〟と〝1〟という果てしなく大きな差**となるのです。

例え小さかろうと、チャンスを捕まえることで無限の可能性が生まれます。

一方で、永遠に来ないかもしれない大きなチャンスを待っていても、可能性は〝0〟のままで、ただ時間だけが過ぎていくということになりかねません。

Profile　フローレンス・ナイチンゲール

● 〝近代看護教育の母〟と呼ばれる女性。1800年代のイギリスでは、看護婦は医療職種というよりも、病人の世話をする召使いのような扱いを受けていた。これに疑問を持った彼女は看護師育成のために専門教育の必要性を訴え、ナイチンゲール看護学校を創立した。

「チャンスが二度、扉を叩くなどと考えてはいけない」

――セバスチャン＝ロッシュ・シャンフォール（フランスの詩人、劇作家）

解説

人はつい「これは明日やろう」とか「来週でもいいかな」というふうに、物事の決断や実践を先延ばしにしてしまいがちです。

単に自分だけの予定であれば先延ばしにしておくことも可能ですが、チャンスというものは我々の都合を待っていてくれるほど寛容ではありません。

たいていの場合、**チャンスは突然訪れて、躊躇しているうちに消え去り**、そして二度と目の前には現れないものなのです。

いざ、チャンスが訪れた時に、それをモノにするためには、常日頃からアクションを起こせるように準備をしておく必要があります。

せっかくの機会をみすみす見逃すことなく、確実に自分のモノにするためにも、**しっかりと準備をして**チャンスのノックに耳を澄ませておきましょう。

Profile　ロバート・ルイス・スティーヴンソン

●18世紀に活躍したフランスの詩人・劇作家。当時のフランスで、上流階級の人々から最も人気のある劇作家だった。1781年から1794年にかけてはフランス学士院を構成する５つのアカデミーの中で最も古い『アカデミー・フランセーズ』の会員としても活躍した。

「私の最高傑作は〝これから作る次の作品〟だ」

――チャールズ・チャップリン（イギリスの映画監督）

解説

人間とは失敗し、反省する生き物です。

そして、その反省から、さらに良い結果を生み出すことができる生き物でもあります。

〝失敗は成功のもと〟とはよく言いますが、失敗に傷ついて立ち止まっていても、次には何も生まれません。

それらをすべて糧とする意識や、**現状に満足せず常に上を目指す姿勢**こそが、人間を大きく成長させ、より良い結果をもたらすのです。

そういった意味では、昨日より明日、前回よりも次回というように、人間は成長を止めない生き物であるとも言えるかもしれません。

この信念を貫いたからこそ、チャップリンは歴史にその名を残したのです。

Profile　チャールズ・チャップリン

●イギリスの映画俳優・監督。『街の灯』、『モダン・タイムス』、『独裁者』などコメディの中に社会風刺を交えた映画作品を次々と世に送り出し〝喜劇王〟と呼ばれた。トレードマークの山高帽とちょび髭は、誰もがよく知る彼のキャラクターアイコンとなっている。

エトセトラ

とにかくやってみろ。やってみてから文句を言え。やりもしないで本から読んだり、人から聞いて、そうなりますと、わかったようなことを言うな。

小林大祐（富士通会長）

目的を見つけよ。手段はついてくる。

マハトマ・ガンジー（独立運動家）

「職業の変更が最大の休息だ」と最大の政治家のひとりが言った。

アーサー・C・ドイル（イギリスの作家）

転職の結果が１００％うまくいくとは限らないと覚悟することで逆に勇気が出ます。

志茂田景樹（日本の作家）

多数派は常に間違っている。自分が多数派にまわったと知ったら、それは必ず行ないを改めるときだ。

マーク・トウェイン（アメリカの作家）

私の生涯における成功は、時期よりつねに15分早かったことにある。

ホレーショ・ネルソン（イギリスの海軍提督）

エネルギッシュで成功する人間は、欲望という幻想を現実に変えることに成功する人間である。

ジークムント・フロイト（オーストリアの精神科医）

成功の秘訣を問うな。なすべきひとつに全力を尽くせ。

ジョン・ワナメーカー（アメリカの実業家）

第3言

失敗から再び立ち上がるための力言

失敗を無駄にしない唯一の方法

今も昔も失敗は誰にでもつきものだが その後の行動がアナタの未来を大きく変える

仕事でミスをして、他人に迷惑をかけてしまったという経験は、多かれ少なかれ誰にでも身に覚えがあるでしょう。もちろん、ミスを注意しアナタを叱りつける上司にも、かつて似たような経験はあったはずです。

仕事にミスや失敗はつきものです。しかし、大切なのは、ミスをした後の行動や意識の持ち方だということを忘れてはいけません。

確かに、**ミスをした後というのは会社に行くのが憂鬱**になります。しかし、会社を休んだからといってミスが帳消しになるわけでも、上司がミスを忘れてくれるわけでもありません。世の中には時間が解決してくれる問題と、そうではない問題があるのです。

問題が解消されてからの意識の持ち方も重要です。いつまでもうつむいているばかりでは、ミスはミスのままで終わってしまいます。それよりも、**積極的にミスを〝経験〟に変えましょう**。会社や上司が望んでいるのは、いつまでも塞ぎ込んだままの反省ではなく、ミスを経験に変えてからの成長、そして次なる結果のはずです。

けれども、世の中には**〝失敗自体を認めない〟**人も多くいます。自分の〝否〟を認めることは、確かに難しい作業のひとつですが、これをクリアできない限り、先へは進めません。誰かのせいにしたり、言い訳することは、**〝失敗の経験を無駄にしてしまう〟**可能性を高めてしまいますので、まずは自分のやってしまったことを認めることも大切なのです。

歴史に名を残す偉人や、世界のトップで活躍しているスポーツ選手、順風満帆に見える実業家達も、これまでに数えきれないほどのミスや失敗を経験しています。彼らはなにも、運や才能だけで現在の地位を確立したわけではなく、失敗を糧にして、試行錯誤を繰り返してきた結果として、成功を掴み取ったのです。

失敗を不名誉な傷として残さないための唯一の方法は、**〝成功への礎〟**に変えることです。そのための心構えは、我々よりも多くの失敗を経験してきた先人達から学びましょう。彼らも最初はただの人間でした。ひとりの人間の言葉として聞いた時、彼らの言葉は普遍的な力強さを伴って私達の胸に響きます。

「失敗？　これはうまくいかないということを確認した成功だよ」

――トーマス・エジソン（アメリカの発明家）

解説

生涯に約１３００もの発明を行ない〝発明王〟の異名をとったエジソン。希代の成功者として認識されている人物ですが、その影には成功とは比べものにならないほどたくさんの失敗がありました。

例えば電球の開発をしている際には、フィラメントと呼ばれる発光部分に最適な素材を探すために、数限りない実験を行ない、失敗を繰り返しました。

しかし、エジソンは数々の失敗を**「この素材は最適ではないことが証明できた」**と考え、これを完成に近づくための〝成功〟であると捉えました。

導き出された結果はひとつですが、解釈は決してひとつではないのです。

新しいことへのチャレンジに失敗はつきものですが、**失敗を恐れずチャレンジすること**だけが成功への最も確実なステップとなるはずです。

Profile　トーマス・エジソン

●蓄音機、白熱電球、活動写真などを開発し、人々の生活を一変させた発明家。幼い頃から好奇心が旺盛で、「Why（なぜ）？」が口癖だったという。そのため教師からは敬遠され、小学校を３ヶ月で中退。その後、独学で勉強することで様々な発明品を作り上げていった。

「10回以上失敗して、なお努力を続けられれば、あなたの心には天才が芽生えはじめている」

――ナポレオン・ヒル（アメリカの著作家）

解説

人間というのは失敗が続いてしまうと、自信を失ってしまう生き物です。自信を失った人間は、次第に心と身体が重くなり、何をするにも臆病になってしまいます。

確かに、失敗は自分自身のアクションに対して突きつけられた現実ではありますが、覆しようのない最終的な結果ではありません。

生涯で５００人以上の成功者を研究し、その秘訣を万人が活用できるよう体系化したナポレオン・ヒルは、このような言葉を残しています。

つまり、**天才とは〝続けられる人〟に与えられる称号**だというのです。

目の前の失敗から目を背けず、傷ついてもなお努力を続けられる者だけが〝成功〟や〝名声〟を得られるのではないでしょうか。

Profile　ナポレオン・ヒル

●世界の鉄鋼王アンドリュー・カーネギーから、万人が活用できる成功術の体系化を依頼され、20年の歳月をかけてナポレオン・ヒル・プログラムを完成。〝成功哲学の祖〟と呼ばれるようになった。著書『思考は現実化する』は全世界で7000万部を売り上げている。

「失敗の最たるものは、失敗したことを自覚しないことである」

――トーマス・カーライル（イギリスの思想家）

解説

失敗を失敗だと自覚できない人には、反省も成長も望めません。

それどころか、その人は同じ失敗を繰り返すこともあるでしょう。

カーライルが言うように、失敗の最たるものは**失敗の無自覚**なのです。

例えば、自分の失言によって相手の機嫌を損ねた時、自分の言葉のどこが悪かったのかを自覚してすぐに謝れば、事態を収めることができます。

しかし、無自覚の場合には、何が原因で相手が機嫌を損ねているのかを理解することができず、解決の糸口すら見つかりません。

最悪の場合には、再び同じ失敗を繰り返してしまう可能性もあり、収拾不可能な事態に陥る恐れもあります。

失敗の無自覚は成長を妨げるばかりか、**二次災害まで招きかねない**のです。

Profile　トーマス・カーライル

●19世紀のイギリスを代表する歴史家・評論家。代表的な著作に『英雄崇拝論』や『フランス革命史』、『オリバー・クロムウェル』などがある。夏目漱石はロンドン留学中にカーライル記念館を訪れ、その時の経験をもとに紀行文『カーライル博物館』を執筆している。

「どうもがいてもだめなときがある。手を合わせるしか方法がないときがある。本当の目が開くのはそのときである」

――相田みつを（日本の詩人）

解説

仏教には**〝開眼〟**という言葉があります。

これは、厳しい修行の果てに物事の道理や心理がはっきりわかるようになることで、**〝悟り〟**と表現されることもあります。

長い人生の中には、どんなに頭をひねろうと、どんなに努力を積み重ねようと、例えどんなに行動を起こしたとしても、残念ながら一向に物事が進展しない時というのが少なからずあります。

まさに、神に頼るほかないような苦しい状況です。

しかし、**人間には窮地に追い込まれた時にしか見えないもの**があります。

苦境に立たされた時には、ジタバタするのを諦めて、物事を見極める力を養うというのもひとつの有効な方法だと言えるでしょう。

Profile　相田みつを

●独特の書体で書かれた詩作品で知られる詩人・書家。一見、子どもが書いたような字体だが、書の最高峰とされる毎日書道展において７年連続入賞を果たした実力者でもある。デビュー作『にんげんだもの』はミリオンセラーとなり、彼の名を一躍世に知らしめた。

「100回叩くと壊れる壁があったとする。でもみんな何回叩けば壊れるかわからないから、90回まできていても途中であきらめてしまう」

――松岡修造（元プロテニスプレイヤー）

解説

常に熱い闘志に満ち溢れている松岡氏らしい、非常にパワフルな言葉。

相手が打ってくる限り、何十回でも何百回でもひたすらボールを打ち返し続けなければならないというテニスに通ずる言葉で、彼が言うことによって一層説得力が増します。

いつ出るとも知れない結果を求め続けるというのはとても苦しいものです。

そして、結果の出ないチャレンジが増えれば増えるほど、人間は弱気になっていきます。

残念ながら結果というのは、いつ、どこで実るのか予測できませんが、**チャレンジの積み重ねが結果に繋がっている**ことだけは間違いありません。

次の挑戦で結果が得られるという可能性を常に心に留めておきましょう。

Profile **松岡修造**

●日本男子プロテニス界を代表するプレーヤー。1995年のウィンブルドン選手権では日本人男子として62年ぶりとなるベスト8に進出した。現役引退後は選手の育成や大会運営に関る一方で、熱血漢のキャラクターを活かしてキャスターやタレントとしても活動している。

「おれは落胆するよりも次の策を考えるほうの人間だ」

――坂本龍馬（土佐藩士）

解説

会社に勤めている人なら誰しも、仕事上の失敗で落ち込んでしまったという経験があることでしょう。

そして、その誰もが、感情に流されてただ落ち込んでいても、いたずらに時間が過ぎていくばかりだということも知っているはずです。

そこから抜け出すためには、**次の策を講じる**ほかありません。

それは人が立ち直るきっかけとなり、同時に新たな希望にもなります。

人間がどんなに深く落胆していようとも、時間が止まることはありません。常に流れ続ける時間の中では、状況も刻一刻と変化しており、自分だけが立ち止まっていては、ただ取り残されてしまうことになりかねません。

折れない心を持ち、**次へ目を向ける**ことでしか事態は好転しないのです。

Profile　坂本龍馬

●薩長同盟の斡旋や、大政奉還の成立のために尽力し、明治維新に多大なる影響をもたらした志士。広い視点と柔軟な思考、それらを実行に移す類い稀なる行動力を持った人物として知られており、彼なくして今の日本はなかったともいわれる。死してなお絶大な人気を誇る。

「学校ってところがよくない。失敗しないために、あれもこれも覚えろ、これも暗記しろ、はみ出るってことを教えてくれない。違うんだ。社会に出たら、わざとはみ出して人のやらないことをやらなきゃ、成功なんてできっこない」

——岡野雅行（日本の技術者）

解説

金属絞り加工の世界的な職人として知られる岡野氏は、成功の秘訣をこのように語っています。

岡野氏は、国民学校初等科を卒業してすぐに父が経営していた金型工場を手伝いはじめ、昼夜問わず働きながら、独自の技術を磨き続けました。

学校というところは、なるべく落ちこぼれを出さないよう、生徒を平均的に育てる場所でもあります。

卒業後は進学や就職など、いわゆる〝**安定したレール**〟に乗せることをひとつの目的としており、**そこから逸れるようなこと**は決して教えてくれません。

反対に言うと、勇気を持ってそのレールから降りない限り、平均的な人生からは脱却できないのです。

Profile **岡野雅行**

●世界最先端技術を生み出す町工場として有名な岡野工業の代表。従業員６人という小さな町工場でありながら、世界屈指の高い技術力を有しており、NASAから仕事の依頼を受けたという実績もある。代表作の『痛くない注射針』は、グッドデザイン大賞にも選ばれている。

「早く成功したいなら、失敗を二倍の速度で経験することだ。成功は失敗の向こう側にあるのだから」

――トーマス・Ｊ・ワトソン（ＩＢＭ社初代社長）

解説

失敗のないところに成功は生まれません。

ワトソンがＩＢＭを率いることになったのも、ＩＢＭが今や世界中で知らない者はいない大企業となったのも、**多くの失敗があったからこそ**なのです。

ＩＢＭに入社する前、彼は精肉店を営んでいましたが、すぐに失敗。続いてレジスターをはじめとする事務機器を販売するメーカーに就職し、セールスマンとしての頭角を見せ始めるも、その手法が独占禁止法に抵触し、起訴される事態へと発展しました。

このように大きな失敗を繰り返しながらも最終的には世界一の大富豪へとのし上がった彼だからこそ、**失敗を数多く経験することの有意義さ**を誰よりもよく理解していたのでしょう。

Profile　トーマス・Ｊ・ワトソン

●コンピュータメーカー最大手であるIBMを世界的企業へと押し上げた立役者。ミシン、楽器、レジスターなどのセールスマンをしていた経験から、セールスを企業経営の要と位置付け〝世界一偉大なセールスマン〟と称された。生前は世界一の富豪としても知られていた。

「もし間違いを犯しても、それが深刻なものであったとしても、いつも別のチャンスがある。失敗というものは、転ぶことではない。そのまましゃがみこんだままでいることである」

――メアリー・ピックフォード（カナダの女優）

解説

〝アメリカの恋人〟と呼ばれた大女優が残した前向きな名言に、一体これまでどれだけ多くの人々が背中を押されてきたことでしょう。

彼女が言ったように、どんなに**大きな失敗の後にも再生するチャンスは残されている**のです。

ただし、それは失敗した後にとる行動次第。

いつまでもショックを引きずってしゃがみ込んでいる人に、再生するチャンスは決して訪れません。

例え激しく傷つく転び方であっても、毎日転んでも、立ち上がってすぐに転ぶことがあったとしても、**自分が前を向いている限り道が閉ざされることはない**ということを知っていれば、人は何度でも立ち上がることができます。

Profile　メアリー・ピックフォード

●サイレント映画時代の大スター。7歳の頃から子役としての活動を始め、15歳で銀幕デビュー。またたく間に人気を博し、年間100万ドルを稼ぐ大女優へと成長していった。女優業と並行して、プロダクションや映画配給会社の設立なども行なった。

「行動は俺のもの、批判は他のもの、俺の知ったことじゃない」

――勝海舟（幕末の政治家）

解説

薩摩藩や長州藩を中心とする新政府軍と、徳川家をトップとする旧幕府軍が衝突した戊辰戦争において、勝海舟は幕府側の軍事総裁を任されていました。この時、彼は江戸城の無血開城を主張し、江戸の街が戦場となり、焼け野原になることを回避させたのです。

しかし、勝と共に渡米した経験を持つ福沢諭吉は、戦わずして開城することは武士道精神に反するとして、彼の決断に異を唱えました。

そんな時に、勝が口にしたのが、この言葉だったそうです。

家族であろうと、親友であろうと、人の行動を決めることはできません。行動はすべて自分の意思決定と責任に基づくものであり、**他人からどう批判されようとも、基本的には無関係**なのです。

Profile **勝海舟**

●江戸末期から明治初頭にかけて活躍した武士・政治家。剣術、兵学、禅、蘭学と、幼い頃からジャンルの壁を飛び越えて、様々な知識を吸収してきた。37歳の時には、幕府が派遣した遣米使節の一員として渡米。明治維新後には外務大丞や兵部大丞などを歴任した。

失敗から再び
立ち上がるための
力言

エトセトラ

若い頃、私は10回に9回は失敗することに気がついた。だから、10倍働いた。

ジョージ・バーナード・ショー
（アイルランドの劇作家）

転んだときは、いつも何か拾え。

オズワルド・アベリー（アメリカの医師）

「あの時こうしていたら……」ということが、最初から全部できるのなら、努力も何も必要ありません。

岡沢祥訓（スポーツ心理の専門家）

教育は結構なものである。しかしいつも忘れてはならない。知る値打ちのあるものは、すべて教えられないものだということを。

オスカー・ワイルド（アイルランドの詩人）

どんなに不幸な出来事でも、賢人はそこから自分の利になることを引き出す。しかし、どんな幸運な出来事でも、愚者はそこから禍を引き出す。

ラ・ロシュフコー（フランスの文学者）

不幸はナイフのようなものだ。ナイフの刃をつかむと手を切るが、取っ手を掴めば役に立つ。

ハーマン・メルヴィル（アメリカの作家）

質問をたくさんすること。人に聞くことなんてないなどと思わないこと。わかっていると思っていることも疑ってみること。

ジェームズ・マイケルズ（アメリカの編集者）

青年は決して安全株を買ってはいけない。

ジャン・コクトー（フランスの詩人）

第4言

コミュニケーションがうまくとれずに悩んでいる人へのアドバイス

すべての争いは人間関係が原因!?

ストレスフリーな生活を手に入れるための賢いコミュニケーション能力とは?

家族や友人同士の付き合いが中心である学生時代とはうって変わって、社会人になると今までになかった**多様なコミュニケーションが求められる**ようになります。

社内では上司や部下とのコミュニケーションが生じ、外部との関連では顧客や取引先とのやりとりが必要となってきます。心が通じ合うほどの仲になる必要はないにしろ、仕事とは常に相手との関係の中で進展していくものなので、どんな職種においても多かれ少なかれコミュニケーション能力が試される場面に直面するでしょう。

最近では〝**コミュ障(コミュニケーション障害)**〟という言葉が一般的に使われるほど、コミュニケーションに苦手意識を持つ人が増えています。人見知りや口下手、必要以上に空気を読んでしまって発言を控えてしまう人など原因や症状は様々ですが、苦手意識が強すぎるあまり、会社を休みがちになってしまうケースも少なくありません。

さらに、**SNS**が登場して以降、コミュニケーションは多様化の一途を辿っています。個人の生活や思考が可視化されることによって、ひと昔前にはしっかりと確保されていたプライベート性が失われつつあります。その結果、本来は自由な場であるはずのSNS上にすら、上司や同僚の目が届くようになり、**インターネットの中ですら息苦しさを感じている人も多い**ようです。確かに上司からの〝友達申請〟などは断るに断れないもの。ある意味ではパワハラだとも言えるでしょう。

人間関係は、はるか昔から人類にとって悩みの種でした。これが上手くいかなかったせいで、人々は争い、騙し、傷つき合ってきたのです。**すべての争いごとの根源は人間関係の縺《もつ》れにある**といっても過言ではありません。

先人たちからのメッセージを見る限り、人間関係を円滑にするためには、〝**感謝すること**〟〝**許すこと**〟〝**認めること**〟の3つのポイントがありそうです。そして、これら3つの行動は、相手に対して〝**リスペクト**〟**の精神を持つこと**が鍵となっているはずです。

ストレスフリーなコミュニケーション能力を身につけるために先人たちの言葉に耳を傾けてみましょう。

「人付き合いがうまいというのは、人を許せるということだ」

——ロバート・フロスト（アメリカの詩人）

解説

人は小さなことでも、**つい感情的になってしまいがち**です。

冷静な時には難なく解消できるような問題でも、感情が高ぶっている場合にはこじれやすくなってしまいます。

特に他人の言動を逐一気にしてしまう人は、このような状態に陥りがちです。

そんな時は、深呼吸をして、一歩引いた視点に立ってみましょう。

「自分と相手の考え方や価値観は必ずしも同じではない」という当たり前の結論に辿り着けたら、しめたものです。

自分とは違っている相手の考えを許すこと、それはすなわち〝**お互いの違いを認めること**〟に他なりません。

その前提に立ってさえいれば、誰とでも上手に付き合っていけるはずです。

Profile **ロバート・フロスト**

●アメリカ出身の詩人。アメリカ・ニューイングランドの農村生活を題材とした作品を多く残し、国民から高い人気を集めた。複雑な社会的・哲学テーマを扱うのを得意とし、アメリカで最も権威ある賞とされる『ピューリッツアー賞』を生涯で４度も受賞している。

「嫌いな人がいたら、好きになるところまで離れればいいのよ」

――よしもとばなな（小説家）

解説

よしもとばなな作『ハチ公の最後の恋人』の中に登場する主人公の一言。

残念ながら、この世にはどうしても好きになれない人がいます。

それが何の接点もない他人であれば特に問題はありませんが、困ってしまうのは同僚や取引先にいる場合です。

いくら話し合っても好きにはなれないし、かといって仕事をしているからには無視するわけにもいかない。

そんな時は、無理矢理わかり合おうとするのではなく、**嫌な部分が見えなくなるくらいの距離をとる**といいかもしれません。

仕事に支障のないくらいの距離感を保ちながら、嫌な部分さえ見ずに済めば、嫌いだった気持ちは次第に薄れていくことでしょう。

Profile　よしもとばなな

●『アムリタ』や『TUGUMI』などの著作で知られる女性小説家。父は評論家の吉本隆明、漫画家のハルノ宵子は姉にあたる。デビュー作『キッチン』で海燕新人文学賞を受賞し、その後も数々の文学賞を受賞。現在も精力的に作品を発表し続けている。

「感謝は人間関係をうまくするコツです。あなたは自分の夫に妻に、家族に友人に、上司に部下に感謝していますか？」

——ジョセフ・マーフィー（イギリスの思想家）

解説

家族や恋人、友人同士など、どんなに近しい関係性にあっても、人間は相手に対する**感謝の気持ち**を忘れてはいけません。

もちろん会社の人間関係においても同様のことが言えます。

感謝とは、なにも言葉に出して伝えるものとは限りません。

何気ない仕草や表情からも、感謝の気持ちは伝わるものです。

反対に、イライラや怒りなどの感情も、口に出さずとも周囲には伝わってしまうことがあるので注意が必要です。

人は怒りを剥き出しにしている人に対して、優しくしてはくれません。

謙虚な心を持ち、常に相手への感謝の気持ちを持った自分でいることは、**結果的に周囲から感謝され**、優しくされる最も有効な方法となるのです。

Profile ジョセフ・マーフィー

●潜在意識を利用することで、自分や周囲の人を幸福へと導くという『潜在意識の法則』を提唱。アメリカを中心に大きな支持を集めた。『眠りながら成功する』や『マーフィー　自分に奇跡を起こす心の法則』など、著書は自己啓発本として広く流通している。

「人間というものは、ちょっと隙があった方が人に好かれるものだ。一点の非もない人間よりも、どこか隙のある人の方が好かれる」

――斎藤茂太（精神科医）

解説

精神科医として数多くの患者を診てきた斎藤氏が、自身の経験をもとに辿り着いた人間関係の極意。

確かに〝**どこか隙があって未完成な人**〟には親しみが持てますが、〝あらゆる面で完璧で付け入る隙がない人〟というのは不思議と近寄り難いものです。行き過ぎた完璧主義者は、一緒にいる者にまで息苦しさを与えます。

人間には誰しも欠点のひとつやふたつはあるものですが、それを見せないようにしているということは、相手に心を許していないということでもあります。当然ながら、本心が知れない相手に親しみなど抱けるはずがありません。

少しでも他人から好かれようと取り繕っているつもりが、反対に他人を遠ざけてしまうこともあるのです。

Profile **斎藤茂太**

●医者として日本精神病院協会の名誉会長を務める一方で、作家として日本ペンクラブの理事も務め上げた多彩な人物。旅行と飛行機をこよなく愛し、医療書の他に紀行文も書いた。2006年に心不全で死去。生涯現役を貫き、亡くなった時にも多くの仕事を抱えていた。

「人に好かれるのは、人を好きになることの裏返しにすぎない」

――ノーマン・ビンセント・ピール（アメリカの牧師）

解説

相手の不満ばかりを口にする人と、相手に対する好意を口にする人。どちらの方が好感を持てるか、答えは一目瞭然です。

他者から好かれたいという気持ちは、生物的に見てごく当たり前の感情ですが、多くの人がそのための意識や行為を履き違えています。

ノーマン・ビンセント・ピールが言うように、人に好かれることと人を好きになることは、**実のところ表裏一体**なのです。

身の回りで人から好かれやすい人のことをよく見てみましょう。おそらくその人は、**他人の文句や愚痴を言うタイプの人間ではなく**、相手に好意を持って接しているはずです。

人のことを好きになれない人は、人からも好かれなくて当然なのです。

Profile ノーマン・ビンセント・ピール

●『積極思考の使徒』や『アメリカの良心』などと称される人物。ニューヨークのマーブル協同協会で牧師を務め、そこに設けられたカウンセリングルームで多くの人々の相談を受けてきた。著書『積極的考え方の力』は、全世界で2000万部を売り上げている。

「人からよく言われたいと思ったら、自分のよいところをあまり並べたてないことである」

――ブレーズ・パスカル（フランスの数学者）

解説

人間には〝**人からよく言われたい**〟という根源的な欲求があります。

しかし、そのために自分の優れた部分を語るのは、逆効果だと言えます。聞く側からすると、それは単なる自慢話にしか聞こえず、共感どころか反発すらも招きかねません。

最近ではＳＮＳ上で、自分がいかに充実した日々を送っているかをアピールするのに一生懸命な人が増えていますが、最初は好意的な反応があったとしても、**あまり度が過ぎると不快感を与える場合**もあります。

自分の良いところばかりを見せたがる人は、すぐに飽きられてしまうもの。

パスカルの言葉は、今から約４００年も前に残されたものですが、現代社会でも十分に通用する教訓だと言えるでしょう。

Profile　ブレーズ・パスカル

●哲学、物理学、数学、キリスト教神学と多分野で才能を発揮したフランスの学者。身体が弱く、39歳という若さでこの世を去ったが、各分野における功績は大きく、〝早熟の天才〟として知られている。彼が残した「人間は考える葦である」という言葉はあまりに有名。

「他人のために自分を忘れること。そうすればその人たちもあなたを思い出してくれます」

——フョードル・ドストエフキー（ロシアの小説家）

解説

自意識や自己実現への思いが強い人ほど、他人のために時間や労力を注ぎ込むことを避ける傾向にあります。

その根底には、他人のために費やした時間や労力は、自分にとっては無価値であるという思いがありますが、果たして本当にそうでしょうか。

自分が苦境に立たされている時は周りが見えなくなりがちですが、そんな時に手を差し伸べてくれた人のことは、そう簡単には忘れられないものです。

そういった経験を持つ人は、相手が反対の立場に立たされた時、喜んで手を差し伸べてくれることでしょう。

多くの場合、**他人のために注いだ力は、巡り巡って自分に返ってくる**ということを心に留め、思いやりの気持ちと行動を惜しまないようにしましょう。

Profile **フョードル・ドストエフキー**

●『罪と罰』、『白痴』、『カラマーゾフの兄弟』など、現代でも色褪せない数多くの名作を残したロシア文学を代表する文豪。後世の文学者にはもちろんだが、物理学者のアインシュタインや精神分析学者のフロイト、漫画家の手塚治虫などにも多大なる影響を与えている。

「聴くことを多くし、語ることを少なくし、行なうところに力を注ぐべし」

――成瀬仁蔵（日本女子大学創設者）

解説

ビジネスシーンにおけるすべての行動は〝**聴く**〟ところから始まります。

顧客のニーズや、クライアントの意向、先輩からの助言など、聴くことなくして仕事には取りかかれません。

しかし、同時に〝聴く〟ことだけでは、仕事にならないのも事実。

自ら情報を発信し、行動を起こすことで、物事は初めて動き出すのです。

〝**聴くこと**〟と〝**語ること**〟と〝**行動すること**〟の３つは、どれかひとつが欠けても宜しくありません。

聴いているだけで何も語れない人や、口だけで何も行動しない人、話を聴かずにただ闇雲に動き回る人に、思わしい成果が伴うはずがありません。

３つのバランスを見極めることが、ビジネスの基本と言えるでしょう。

Profile **成瀬仁蔵**

●明治以前の日本では考えられることのなかった女性高等教育を開拓した第一人者。日本女子大学の創始者としても知られている。生まれ故郷の山口県で小学校教員をしていたが、アメリカ留学を機にキリスト教に入信。牧師として教育と伝道活動に尽力した。

「きっぱりノーと言うことは、人生を楽にしてくれる方法なんです」

――大島渚（日本の映画監督）

解説

相手からどう思われるかを気にするあまり、次から次へと余計な重荷を背負っていませんか？

理不尽なことが少なくない会社組織の中では、自分を押し殺してまで人に合わせなければいけない場面もあるかもしれません。

しかし、それが続いてしまうと、際限なくストレスを抱えることになり、心も身体も疲弊しきってしまいます。

さらに〝イエスマン〟の特徴として、**「NO」と言えないことで仕事量がパンク状態となり**、すべての作業が中途半端になってしまう傾向もあります。

相手から嫌われないために「YES」と言ったことで、**逆に仕事がこなせずに嫌われてしまう**ことにもなりかねないのです。

Profile　**大島渚**

●岡山県出身の映画監督。京都大学を卒業後、松竹に入社。映画製作の現場で経験を積み、『愛のコリーダ』や『戦場のメリークリスマス』などの作品で、世界的な評価を得た。また、タレントとしても活動しており、歯に衣着せぬ物言いで人気を集めた。

「気は長く、心は丸く、腹立てず、人は大きく、己は小さく」

――尾関宗園（大徳寺大仙院住職）

解説

忙しさに追われて心の余裕がなくなってくると、人間は気が短くなり、心には角が立ち、小さなことでも腹が立つようになり、人間的に小さくなりがちで、その上自己主張ばかりが強くなってしまいます。

京都にある大徳寺大仙院にて、40年以上に渡って住職を務めた尾関宗園氏の言葉は、実に的確に**人間の本質**を言い表しています。

常日頃からこの言葉を意識しておけば、人間関係に苦労したり、コミュニケーションで波風が立つようなことは、まずないでしょう。

もちろん、様々な問題やストレスに直面する会社生活において、このような心づもりで過ごすのは簡単なことではありません。

しかし、**いざという時に思い出せれば**、大抵の物事はうまく運ぶはずです。

Profile **尾関宗園**

●臨済宗の僧侶。1965年から2007年まで大徳寺大仙院の住職を務め、現在は隠居生活を送っている。豪快な説法で知られる住職で、テレビで人生相談を行なったり、数多くの著書を執筆するなど、いち僧侶に留まらない幅広いフィールドで活躍した。

エトセトラ

会って直に話すのが、悪感情を一掃する最上の方法である。

エイブラハム・リンカーン（アメリカの元大統領）

見せかけだけの和はいらない。最初から馴れあっている人間に発展はない。

河合滉二（サッポロビール元社長）

人の言うことは気にするな。「こうすれば、ああ言われるだろう…」、こんなくだらない感情のせいで、どれだけの人が、やりたいこともできずに死んでいくのだろう。

ジョン・レノン（イギリスのミュージシャン）

自分しか歩けない道を、自分で探しながら、マイペースに歩け。

田辺茂一（紀伊国屋書店創業者）

マジョリティが現在を作り、マイノリティが未来を創る。

諸井貴一（秩父セメント元社長）

至上の処世術は、妥協することなく、適応することである。

ゲオルグ・ジンメル（ドイツの哲学者）

人から恨まれようが、憎まれようが、それで死ぬことはない。

近松門左衛門（人形浄瑠璃作者）

思慮なき友人ほど危険なものはない。

ラ・フォンテーヌ（フランスの詩人）

時間の守れない人間は、何をやってもダメだ。

田中角栄（日本の元首相）

第5言

年収1000万越えを狙うための心得

出世か独立という2つの選択肢

所得を今よりもアップさせるための決断と決して忘れてはいけない仕事の本質

国税局が行なった民間給与実態統計調査（平成24年度）によると、日本全国の給与所得者のうち年収が1000万円を超えている人の割合は**男性で5・8%、女性で0・8%、全体では3・8%**という結果が出ています。この数値には公務員や自営業者も含まれていますが、一般企業に限って言えば、従業員の平均年収が1000万円を超えている企業は、わずか1・6%という統計もあります。

所得を上げるためには大きく分けて2つの方法があります。ひとつは会社内で〝**出世**〟して給与を増やすこと。もうひとつは〝**独立**〟して自分で事業を起こすことです。もちろん株投資や副業などという方法もありますが、これまでに培ってきた能力を活かすとすれば上記の2つが有効かと思われます。

出世に必要なのは、何よりもまず〝実績〟です。上層部との人間関係や勤務態度などの要素が影響することもありますが、実績なくして出世は望めません。しかし、そのためにはライバルとの競争や、プライベートにおける外部との付き合いなど、オンオフに限らず**実績に繋がるための行動を心がけておく必要**があります。

一方、独立のために必要なのは、会社を辞める〝勇気〟と、自ら事業者になるという〝覚悟〟です。こちらの選択肢には、会社に守られていた状況を捨てるリスクや、**全ての結果が自分に返ってくるという責任**が伴います。その代わり、憂鬱に感じていた社内の人間関係のしがらみや、胃痛の原因だった業績ノルマなどのストレスから解放されるというメリットもあります。

しかし、勘違いしてはならないのが、いずれの場合にしても、仕事に対する誠意や情熱を失ってはならないということです。1円でも所得を上げることに心血を注いだ結果、仮に年収1000万円という大台に乗ったとしても、果たして自分の心は満たされるでしょうか。顧客に満足は与えられるでしょうか。

過去の成功者に共通するのは、**どんなに大金を手にしようとも仕事への愛情を持ち続けていたという点**です。それを失ってしまった人の成功は決して長くは続かないでしょう。

「強い思い、情熱とは、寝ても覚めても24時間そのことを考えている状態。自分自身の成功への情熱と呼べるほどの強い思いが、成功への鍵」

――稲盛和夫（京セラ・第二電電（現・ＫＤＤＩ）創業者）

解説

〝情熱〟という言葉を辞書でひくと**「激しく高まった気持ち」**という意味が出てきます。

趣味や恋愛、仕事に対して気持ちが激しく高まるというのは、少なからず誰にでもある経験ですが、一時的な盛り上がりで終わってしまうのが大半です。だからこそ、多くの人は成功を手にすることができないのかもしれません。

類い稀なる先見の明を持ち、早くから携帯電話事業に取り組んできて大成功を収めた稲盛氏は、寝ても覚めても目標達成のことばかりを考えていられる人間こそが、自ら望む結果を得ることができると説いています。

情熱を維持するためには、着実に進んでいるという手応えが必要です。**小さくても手応えを重ねていくこと**が、大きな成功へと繋がるはずです。

Profile 稲盛和夫

●鹿児島出身の実業家。鹿児島県立大学工学部を卒業後、技術者として工業メーカーに入社。27歳の時に京都セラミック（現在の京セラ）を設立し、10年で株式上場を果たした。その後も精力的に新事業に着手し、52歳の時には第二電電（後のKDDI）を設立した。

「仕事というのは、やめなければ本物になる。続ければ、必ずものになる」

――飯田亮（セコム創業者）

解説

何もなかった土地を耕し、誰にもないアイデアと弛まぬ努力で〝警備保障〟という一大産業を育て上げた飯田氏。

彼は、人から笑われようとも、批判されようとも、やめずに続けてさえいれば、仕事は必ずものになると断言します。

まさしく〝**継続は力**〟だということでしょう。

ただし、ただがむしゃらに続けていればいいというわけではありません。

失敗した時には反省や軌道修正が必要になります。

その上で、**諦めず続けていくこと**が仕事を成功へと結びつけるのです。

ゼロからスタートして大きな成功を収めた飯田氏の力強い言葉は、我々の不安や迷いを払拭し、信じて続ける力を与えてくれます。

Profile　**飯田亮**

●日本初の警備保障会社である日本警備保障株式会社（現在のセコム）の創立者。国の威信をかけて開催された東京オリンピックでは、同社が選手村の警備を任された。日本に警備保障という一大産業を育て上げた『ベンチャー経営者の元祖』とも称される。

「時間を無駄にせずに、予定を立てて行動すること。ただし、予定表をすべて埋めてはいけない。それでは独創力が死んでしまう」

――ニコラス・ハイエック（スウォッチ創設者）

解説

スイスの時計メーカー『スウォッチ』の創業者が残した時間に関する格言。

〝時間を有効活用すること〟と**〝時間に縛られること〟**は、まったくの別物であるにもかかわらず、多くの人が勘違いしてしまいがちです。

時間を有効活用することとは、**無駄のない予定を立てること**を指します。

しかし、予定を立てる時には、未来とは常に流動的だという前提に立ち、幅を持たせたスケジュールを立てる必要があります。

さもなければ、ひとつのイレギュラーによって予定が狂い、そのしわ寄せとして、自ら立てたスケジュールに縛られることになってしまいます。

そのような状態では、仕事で十分なパフォーマンスを発揮するのは不可能。

特に独創性が求められるような職種では、致命傷になりかねません。

Profile　**ニコラス・ハイエック**

●世界中で販売され、多くのファンを持つスイスの時計メーカー・スウォッチの生みの親。自身が経営していたコンサルタント会社に、スイスの時計業界が救済を求めてやってきたことをきっかけに、自らスウォッチを設立。世界的な人気ブランドへと成長させた。

「私は一夜にして成功をおさめたと思われているが、その一夜というのは30年だ。思えば長い長い夜だった」

——レイ・クロック（マクドナルドコーポレーション創業者）

解説

大きな成功の裏には必ずと言ってよいほど、**地道な努力の積み重ね**があるものですが、そのほとんどは消費者の目には届いていません。

それゆえ、人々は成功者の華やかな部分だけがすべてだと思い込み、賞賛と羨望が入り交じったような眼差しを向けます。

マクドナルドコーポレーション創業者であるレイ・クロックともなると、これまでにどれだけの妬みや誹謗中傷を受けてきたのか想像も及びません。

カリフォルニアの小さなハンバーガーショップだったマクドナルドのフランチャイズ1号店がオープンしたのは1955年のことでした。

この時、一体誰が、ここまでの躍進を想像したでしょう。

少なくともレイ・クロックだけは、**それを夢見て努力してきた**はずです。

Profile　**レイ・クロック**

●アメリカ・カルフォルニア州のサンバーナーディーノでハンバーガーショップを経営していたマクドナルド兄弟からフランチャイズ権を獲得し、マクドナルドシステム会社を設立。同社を世界トップクラスの大企業へと押し上げた。前職はミキサーのセールスマンだった。

「毎日毎日〝勝ちたい〟という気持ちで出社しなければならない」

――ビル・ゲイツ（マイクロソフト社共同創業者）

解説

あるインタビューで「出世するためにはどうしたらいいのか？」と訊ねられたビル・ゲイツは、このように答えました。

あなたは毎日どんな気持ちで出社しているでしょうか。

少なくとも「ダルい」、「憂鬱だ」、「面倒くさい」など後ろ向きなモチベーションでは、よい結果を出せるはずがありません。

ビル・ゲイツの言う**〝勝ちたい〟**相手は、他社であり、仲間であり、昨日の自分でもあります。

仕事とは毎日が勝負の連続で、成功するためには、手を抜いていい日など1日たりともないのです。

意識を高く持つことで、毎日の仕事の成果は大きく変わっていくでしょう。

Profile　**ビル・ゲイツ**

●『Windows』を開発したマイクロソフト社の共同創業者であり、世界にパーソナルコンピュータを広めた立役者。米誌『フォーブス』による世界長者番付で1994年から13年連続で世界一に輝き、推定資産は810億ドルとも言われる。現在は、妻と共に慈善団体を運営。

「木を切り倒すのに６時間与えられたら、私は最初の４時間を斧を研ぐのに費やす」

――エイブラハム・リンカーン（第16代アメリカ合衆国大統領）

解説

大きな仕事を目の前にした場合、まず最初にすべきことは、調査、分析、計画などの〝**事前準備**〟です。

これをしっかりと行なってさえいれば、不測の事態に対しても臨機応変な対処が可能で、仕事を最後まで完遂することができます。

逆に、満足な準備もしないまま仕事に取りかかってしまっては、一旦つまずいてしまうと、最後まで大幅に予定が狂うという悲惨な結果になりかねません。

リンカーンの言葉は、ひとつひとつの仕事に対しても言えることですが、〝木を切り倒す〟ことを人生の最終目標と、〝斧を研ぐ〟ことを自分自身を磨くことだと捉えると、人生そのものにも当てはまります。

時間をかけて自分を磨き上げておけば、結果は自ずとついてくるはずです。

Profile　**エイブラハム・リンカーン**

●歴代アメリカ大統領の中でも特に人気が高いひとり。黒人奴隷の解放をはじめとする数々の功績を残したが、ワシントンにある劇場で妻と共に現代劇を観劇中、銃撃を受けて死亡。犯人は、南北戦争でリンカーン率いる北部連邦が勝利したことに不満を持つ男だった。

「成功を求める時間もないほど忙しい人のところへ、成功は訪れる」

——ヘンリー・デイヴィッド・ソロー（アメリカの作家）

解説

成功のためのノウハウを学び、習った方法を実践することは本当に成功へと結びつくのでしょうか。

ヘンリー・デイヴィッド・ソローの考えは、そうではなかったようです。

生涯を通じて定職に就くことなく、ただひたすら自分の興味関心に従って行動していた彼は、現在では環境保護運動の先駆者という評価を受けています。

いくつもの職を転々としながら、最終的には森での自給自足生活に行き着いた彼は、初めから今のような評価を求めていたわけではありません。

気がつけばそこに立っていたのです。

成功とは、**時間や苦労を忘れるほど夢中になっている人**のところに、ある時、音もなくやってくるものなのかもしれません。

Profile **ヘンリー・デイヴィッド・ソロー**

●家業の鉛筆製造業や教師、測量など様々な仕事に就いたが、どれも肌に合わず退職。ウォールデン池畔の森に自力で丸太小屋を建て、2年2ヶ月に渡って自給自足の生活を送った。その記録は著書『ウォールデン—森の生活』にまとめられ、後の作家に大きな影響を与えた。

「およそ事業をするには、まず人に与えることが必要である。それは、必ず大きな利益をもたらすからである」

――岩崎弥太郎（三菱財閥創立者）

解説

『三菱財閥の創立者』という肩書きからは、一体どのような人物像が思い浮かぶでしょうか。

もしかすると、人を人とも思わず、何を犠牲にしてでも利益を貪るような強欲極まりない人物をイメージする人もいるかもしれません。

しかし、岩崎弥太郎は根っからの商人で、事業規模がどれだけ巨大になろうとも、**取引先やその先にいる消費者に目を向ける姿勢**を持ち続けていました。

商売の基本は、顧客に商品やサービスを与えることにあります。

顧客は、それぞれが得たものに対価を支払うのであって、最初から金儲けを前提としている商売に魅力は感じません。

仕事をする際には、**考える順番を誤らないよう**気をつけましょう。

Profile　岩崎弥太郎

●幕末から明治にかけての豪商。明治の動乱期に、各藩が発行していた藩札を新政府が買い上げるという情報を得ると、藩札を大量に買い占め、それを政府に買い取らせることで莫大な富を成した。政治家との結びつきも強く、官制事業も積極的に請け負った。

「一度とりかかったら途中でやめない。どんな状況下でもチャンスはある。必ず成功すると信じてやり抜くこと」

――森泰吉郎（森ビル創業者）

解説

言葉というものは、発言者によってまったく重みが変わってきます。

関東大震災と第二次世界大戦という未曾有の惨事の体験者が語る、**「どんな状況下でもチャンスがある」**という言葉の重みは計り知れません。

仕事に限った話ではありませんが、覚悟を決めてとりかかった何かを途中でやめてしまうということは、その先に残されているはずの可能性を破棄するだけでなく、これまで積み重ねてきたものを無に帰すことにもなります。

つまり、時間と労力を費やしてきたことが何の実も結ばないどころか、そっくりそのままなかったことになってしまうのです。

先人達が過酷な状況下でも生きることを諦めなかったように、人生をかける価値のある仕事を見つけられたのならば、**最後の最後まで貫き通しましょう。**

Profile 森泰吉郎

●日本の実業家・経営史学者。関東大震災や第二次世界大戦という、日本史上最大級の惨事を経験しながらも、不屈の精神で仕事に取り組んだ。戦後は地域開拓や不動産業に尽力。高度経済成長の波に乗って、1991年の世界長者番付では世界第1位にまで上り詰めた。

「ディズニーランドはお金儲けのために始めたのではない。愛のために始めたのだ」

――ウォルト・ディズニー（ウォルト・ディズニー・カンパニー共同創業者）

解説

一度でもディズニーランドに行ったことのある人ならば、そこに漂う非日常的で楽しさに溢れる雰囲気をすぐにでも思い出すことができるでしょう。

そこは**〝夢の国〟**と呼ばれ、いつも笑い声で溢れています。

アメリカ・カルフォルニア州のディズニーランドが開設された時、ウォルトはこのように述べました。

アニメ映画で大きな成功を収めた彼は、その世界観をスクリーンの中だけでなく、現実世界でも体感してもらおうと、誰も思いつかなかった壮大な夢を描いたのです。

彼が思い描いていたディズニーランドの完成は、**理想なくして成功はないという真理**を、どんな言葉よりも雄弁に物語っています。

Profile ウォルト・ディズニー

●ミッキー・マウスを生み出したアニメーターであり、ディズニーランドを開設した実業家。兄とともにウォルト・ディズニー・カンパニーを立ち上げ、アニメ映画の制作やディズニーランドの経営を行なった。晩年は肺がんを患い、65歳でこの世を去った

エトセトラ

世の中で成功をおさめるには、バカのように見せかけ、利口に活動することである。

シャルル・ド・モンテスキュー（フランスの哲学者）

ビジネス社会で最後にものをいうのは人柄の良さだ。たいていの評価は人柄の善し悪しが決定する。

諸橋晋六（日本の実業家）

世の中で成功をおさめるには人から愛される徳と、人を怖れさせる欠点とが必要であろう。

ジョセフ・ジューベル（フランスの哲学者）

義を先にし、利を後にする者は栄ゆ。

下村正啓（江戸時代の商人）

自分より偉い人はみんな利用しなければだめだ。自分より偉い人を思うままに働かせることが事業成功の秘訣だ。

五島慶太（東急グループ創業者）

報告・連絡・相談、つまり「ホウレンソウ」がしっかりできている会社は強い。

山崎富治（日本の実業家）

教わって覚えたものは浅いけれど、自分で苦しんで考えたことは深いんです。

早川徳次（シャープ創業者）

成功の鍵は、まだ誰にも見つかっていないものを探すことだ。

アリストテレス・オナシス（ギリシアの実業家）

偶然は準備のできていない人を助けない。

ルイ・パスツール（フランスの生化学者）

第6言

社長・起業・管理職のためのリーダー言

求められる真のリーダーとは!?

ノウハウ？　カリスマ性？　それとも…？　リーダーシップとはどこから生まれるのか？

会社で大変な思いをしているのは、なにも一般社員だけではありません。社長はじめ、管理職の人たちにも、組織をまとめる立場ならではの苦労があるものです。

管理職に与えられた最も大きな仕事は**〝全ての責任を取ること〟**です。一般社員が負う責任の範囲は、あくまで自分の仕事内で起きた問題までですが、管理職となるとそうはいきません。自分以外の誰かが原因で問題が起こったとしても、それは管理職の教育なり認識なりが甘かったということになり、全責任を彼らがとることになるのです。

それを理解した上で、管理職が心がけるべきは**〝部下に思い切って仕事をさせること〟**です。責任の追及を恐れるあまり、部下を徹底した管理下においたところで、そこから質の良い仕事が生まれるわけではありません。むしろ、部下が萎縮してしまって、判断が鈍ることによって、思うような成果が得られない可能性も考えられます。

優れたリーダーとは、**自分が先頭に立って事業を押し進めていく**と同時に、周囲の人間にも思い切った仕事をさせられる度量を持った人間なのです。

日本では〝**リーダー不在の時代**〟と叫ばれるようになって久しくなります。確かに、世の中を見回してみても本当の意味でのリーダーは少ないように感じられます。

不祥事が明るみに出て辞職していく政治家、人を人とも思わない会社運営を続けて責任を問われる経営者、自分が出世することしか頭になくゴマスリに余念がない上司。彼らに人がついていきたくなるような魅力があるかどうかは、ここで改めて論じるまでもないでしょう。結局ところ、リーダーシップの有無とは〝何をどうするか〟ではなく、〝**自分がどうあるか**〟によって決まるものなのではないでしょうか。そういった意味では、リーダーになるために必要なのは、他人から学んだノウハウではなく、生まれもったカリスマ性でもなく、**経験によって磨かれた人間性**だと言えるかもしれません。

先人たちの言葉を単なる知識としてインプットするのではなく、自分に置き換えた場合の追体験として取り入れることができれば、あなたの人間性はますます磨かれていくはずです。

「自分の利益よりも、まず周りの幸福を考える。それがリーダーの条件だ」

――丹羽宇一郎（早稲田大学特命教授）

解説

リーダーたる者が心がけるべき姿勢を、ストレートに言い表した言葉。

会社において管理職が最も優先すべきなのは〝売り上げ〟だと思われがちですが、この考えは半分正解で半分は不正解だと言えます。

もちろん、管理職には業務成果が求められるわけですが、それは〝売り上げ〟そのものが目的なのではなく、本来は**顧客や社員の幸福こそが目的であるべき**なのです。

顧客の幸福とは商品やサービスに対する満足感で、社員の幸福とは安定した収入の確保と仕事のやりがいに尽きます。

それらは結果的に〝売り上げ〟へと反映されるでしょうし、管理職個人としての評価にも繋がっていくはずです。

Profile 丹羽宇一郎

●日本の実業家・教授。過去には外交官の経験も持つ。名古屋大学を卒業後、伊藤忠商事に入社。部長、常務、専務、副社長と順調に出世街道を進み、1998年には社長に就任。多額の負債を抱えていた同社の業務を黒字に転換させ、2004年には会長に就任した。

「怒るのは自分の知恵の足りなさを認めるようなものです」

——孫正義（ソフトバンクグループ創業者）

解説

人間は的確な反論や、自分の知識では理論的に説明できない事柄に直面すると、つい感情的になってしまいがちです。

しかし、それは理論的に対応する術を持っていないことを露呈するのと同義で、あまり賢い応対だとは言えません。

また、失敗を失敗として怒るだけでは、問題は何も解消せず、失敗をした人の成長にも繋がりません。

感情にまかせて怒りをぶつけるだけで、失敗は成功のもとであることを伝えられない人は、知識ばかりか経験の乏しさまでも露呈することになるのです。

管理職たる者、**問題発生時にも感情を抑え、失敗を成功の糧にできるよう促すくらいの度量**がなくてはいけません。

Profile **孫正義**

●佐賀県出身の実業家。司馬遼太郎の小説『竜馬がゆく』を愛読し、坂本龍馬の脱藩に憧れて、高校を中退後、渡米。サンフランシスコの高校に編入し、卒業までをアメリカで過ごした。帰国後『日本ソフトバンク』をはじめとする複数の企業を立ち上げた。

「リーダーにとって最も重要な資質は聴いて学ぶ能力です。なぜならば誰もすべてを知ることはできないからです」

——エリック・シュミット（Google社の会長）

解説

googleの会長であり、アップル社の取締役をしていた経歴も持つエリック・シュミットは**「集団は個人よりも賢い」**という考えを持っていました。

リーダーに任命される人間は、どこか優れた才能を持っているものですが、かといってひとりで何もかもをこなせるわけではありません。

集団が出来ることと比較すると、やはり個人でできることは限られてしまうものです。

だからこそ**リーダーも常に学び、他人の意見を素直に聞く必要**があります。

集団を率いる者が、学ぶことの重要性や聴く姿勢を忘れてしまっては、チームの能力は半減するどころか、崩壊への一途を辿りかねません。

つまり組織力アップのためには、リーダー自身の成長が欠かせないのです。

Profile エリック・シュミット

●世界で最も成功したインターネット検索エンジンといわれる『Google』の会長。プリンストン大学で電気工学の理学士号を、カリフォルニア大学で電気工学の博士号と計算機科学の博士号を取得。サン・マイクロシステムズ在籍中にGoogle社からヘッドハンティングされた。

「地位ますます高くなれば、いよいよ謙虚にならなければならない」

——キケロ（ローマの雄弁家・政治家・法律家）

解説

仕事を与えられている立場の時は、周囲にミスを指摘したりアドバイスをしてくれる上司や先輩がいるものですが、地位が高くなり上司よりも部下の数が多くなっていくと、**自分に進言してくれる人は少なくなっていきます**。

そんな時に、注意しなければいけないのが、周囲に対する態度です。

立場が上になるにつれ、与えられる権限は大きくなっていきますが、大きな力を持った人間は自信過剰で、傲慢になりがちです。

しかし、盲目に権力を振りかざすようになってしまっては、誰もついてはきてくれませんし、チームとしても先は長くありません。

上の立場になった時こそ初心を思い出し、**常に謙虚な姿勢**で自分を律しながら、より良い組織作りを目指しましょう。

Profile　キケロ

●紀元前1世紀に活躍した古代ローマの政治家・哲学家。当時、最高の知識人といて知られていた弁論家・ポセイドニオスに師事し、法律家としてのキャリアをスタート。数々の裁判をこなし、その豊富な知識と経験から『祖国の父』という称号を得た。

「指導者が人を心底から感動させ奮いたたせるものは、立派なイデオロギーや論理ではなく、人間的魅力である」

――伊藤肇《はじめ》（経済評論家）

解説

経営者に求められるものといえば、真っ先に〝組織をまとめるイデオロギー〟や〝集団を率いる強力なリーダーシップ〟などが思い浮かびます。

しかし、経済や人物論に精通した評論家として多くの経営者から支持された伊藤肇は、指導者に必要なのはイデオロギーや論理ではなく**〝人間的な魅力〟**であると説きました。

言うまでもなく、組織とは〝人間の集まり〟であり、感情がなく無個性なひとつの**〝塊〟**ではありません。

それをまるで無機質な物でも扱うように、論理や方法論でコントロールするのは不可能なこと。

人々を熱狂させ、突き動かすのは、人間的な魅力をおいて他にないのです。

Profile　伊藤肇

●中部経済新聞の記者を経て、株式会社財界研究社に入社。雑誌『財界』の編集長を務めた。独立後は評論家として積極的に執筆と講演をこなす。中国の古典に詳しく、三国志のエピソードなどを交えた人物論は多くの経営者に支持された。代表作は『現代の帝王学』。

「パソコンのキーを叩けば、過去の記録はいくらでも出てくるけど、明日のことは誰も教えてくれない。勘がなくなったら社長を辞めるべきです」

――佐治信忠（サントリー４代目社長）

解説

社長というのは、会社全体の方針を決め、進むべき方向への舵取りと、それに伴う責任のすべてを請け負うポジションです。

会社のみならず全社員の未来を左右しかねないという意味で、この決断は非常に重たく、社長の肩には常に大きなプレッシャーがのしかかります。

会社が経営を続けていくためには、常に新しい事業開発や、クライアントの確保に取り組む必要があります。

その中で、どれを選び、どれを切り捨てるかは、ある意味ギャンブルのようなもので、頼りになるのは**〝勘〟**以外にありません。

その時に〝単なる勘〟ではなく**〝経験に基づいた勘〟**を身につけておけば、いざという時の決断は、きっと会社をいい方向へと導いてくれるでしょう。

Profile 佐治信忠

●サントリーホールディングス代表取締役会長。同社の創業者である鳥井信治郎の孫にあたる。慶應義塾大学を卒業後に渡米し、カリフォルニア大学で経営学を学んだ。その後、ソニー商事を経て、サントリーに入社。2009年、４代目社長に就任した。

「部下にどうやるかを教えるな。何をするかを教えろ。そうすれば思いがけない工夫をしてくれるものだ」

――ジョージ・パットン（アメリカの陸軍大将）

解説

仕事では〝**確実性**〟と〝**意外性**〟のバランスが重要になります。

発注に対して、イメージ通りの成果が返ってくるのは文句なしの結果ですが、予想を超える成果が返ってくるのはさらに素晴らしいことです。

仕事の〝やり方〟を事細かに伝えると、確実性は向上しますが、同時に意外性は失われてしまいます。

一方で、求めている仕事の〝内容〟を伝えると、イメージからかけ離れる恐れはありますが、想像だにしなかった結果が返ってくる可能性があります。

2つのバランスが取れた成果こそ、理想的な仕事なのではないでしょうか。

上司として育てるべきは、言われた方法で仕事ができる人材ではなく、**自ら考えながら仕事を勧められる人材**であるはずです。

Profile　ジョージ・パットン

●2つの世界大戦に参加したアメリカの軍人。祖父はアメリカ南北戦争における南軍の将校で、本人も幼い頃から軍人に対する強い憧れを抱いていた。第二次世界大戦の際には、北アフリカの戦線に参戦し、疲弊し切った兵士たちを厳しい特訓で叩き直した。

「叱りすぎるとお互いの関係を修復するのに１カ月では難しい。だから叱らずに、気長に歩き出すのを待つことにした。その方が仕事が早い」

——蜷川幸雄（演出家）

解説

「口よりも先に、物が飛んでくる」と言われるほど、短気な性格で知られる蜷川氏ですが、意外なことにこのような言葉を残しています。

演出家と役者という関係に限らず、〝叱る〟という行為の後には多かれ少なかれ**〝わだかまり〟が残るもの**です。

特に若くて自信に満ち溢れている時期は、叱られた経験も少ないため、一旦叱られると立ち直るまでに時間がかかります。

酷い場合には、再起不能な状態まで落ち込んでしまうこともあり得ます。

これまで自分が演出する作品に、数多くの若手役者を起用してきた蜷川氏。

彼が辿り着いた結論は、**打たれ弱い人が増えたと言われる現代社会**においては、とても有効な手段なのかもしれません。

Profile　**蜷川幸雄**

●埼玉県川口市出身の演出家。井上ひさしや野田秀樹などの現代劇から、シェイクスピアをはじめとする古典まで、幅広い演出をこなし、〝世界のニナガワ〟と称される。鮮烈なヴィジュアルイメージで観客を惹き込むような演出を得意としている。

「去年と今年を変えない限り、会社は潰れると思って欲しい」

――柳井正（ファーストリテイリング社長・会長）

解説

国内各地はもとより、今やアメリカやイギリス、中国など世界12カ国に出店しているユニクロ。

日本を代表するグローバル企業になってなお、柳井氏に慢心はありません。時代が移り変わるスピードが次第に加速していってるような印象を受ける昨今、流行の変化が非常に激しいファッション業界はもちろんのこと、他ジャンルの企業でも今と同じ業態の経営を続けていくのは困難になるでしょう。

今年飛ぶように売れた物が、来年にはまったく売れなくなるという可能性は決して極端で、現実離れした話ではありません。

このような時代を生き抜く唯一の方法は、**自分達の過去を否定することを恐れず、常に変化し続けること**なのではないでしょうか。

Profile **柳井正**

●カジュアル衣料メーカー・ユニクロを運営するファーストリテイリング代表取締役会長兼社長。早稲田大学政治経済学部を卒業後、父が経営する小郡商事に入社。父から経営を引き継ぎ、ユニクロを誕生させた。2014年の推定資産は179億ドルとされている。

「山に登るルートはたくさんあるのだから、自分の成功体験を押し付けてはいけない」

――仰木彬（野球解説者）

解説

山登りのルートに絶対的な正解がないように、**人が成功を収めるためにも画一的な方法論は存在しません**。

仮に同じ目標を掲げていたとしても、そこに辿り着くためには、それぞれに適した方法というのがあるのです。

日本球史に残る名監督として知られる仰木氏は、選手個人個人の特性を見極め、それぞれに合った練習法を教えることで、野茂英雄選手やイチロー選手といった超一流の選手を育成してきました。

会社組織の場合でも、全員に対して一定のマニュアルを使用するようでは、個性を生かした人材育成は実現できません。

部下を育てる立場ならば、**しっかり個人と向き合う心構え**でいましょう。

Profile 仰木彬

●福岡県出身のプロ野球選手。1954年に期待のルーキーとして西鉄ライオンズに入団。１年目から二塁手のレギュラーとして活躍し、1956年からの3度連続日本一に貢献した。現役引退後は監督として近鉄バッファローズやオリックス・ブルーウェーブを率いた。

エトセトラ

指揮官は心を自由にしておかなければならない。偏見、先入観、固定概念を排除することである。

フェルディナン・フォッシュ（フランスの軍人）

私は部下に大いに働いてもらうコツのひとつは、部下が働こうとするのを、邪魔しないようにするということだと思います。

松下幸之助（松下電器産業創業者）

威厳は香りのごときもの。威厳を活用する者はそれをほとんど意識しません。

クリスティーナ（17世紀スウェーデンの女王）

いいリーダー、すなわち彼らが目指しているリーダーは、必要な時には孤立する知恵と勇気を持つ、傑出した個人でなければならないのだ。

ラリー・R・ドニソーン（アメリカの教育者）

三流のリーダーは「カネ」を残す。二流のリーダーは「事業」を残す。一流のリーダーは「人」を残す。

細谷英二（りそなホールディングス会長）

リーダーシップとは、人のビジョンを高め、成果の水準を高め、人格を高めることである。

ピーター・ファーディナンド・ドラッカー（オーストリアの経営学者）

最初に100点満点を相手に求めようとするから減点法になってしまう。むしろ、ゼロからいい部分を加算してゆけば、けっこうすばらしいと思える人があちこちにいてくれる。

戸川昌子（日本の作家）

第7言

お金がなくても幸福になれる金言

もっとお金から自由になろう！

お金に縛られないために覚えておきたい自分の人生に必要なお金と目標のバランス

我々現代人の生活は、お金とは切っても切り離せない関係にあります。

食料を得るためにも、どこかへ移動するためにも、それどころか日本で生活しているというだけで納税の義務が課せられます。

残念ながら日本において、お金をまったく必要としない生活を送ることは不可能だと言えるでしょう。だからこそ、肝心なのは〝**自分には一体どれくらいのお金が必要なのか**〟というのを見極めることです。

人生に必要なお金は、将来設計や家族構成によって大きく異なります。

新築で家を建てたい人や、子どもを大学に通わせたいと考えている人は、ある程度の貯蓄が必要になるでしょう。

一方、夫婦２人きりで親から譲り受けた家に住んでおり、食べる物は自給自足という人であれば、家賃や食費を稼ぐ必要はありません。

このように、大まかでも自分が望む生活には、どれだけのお金が必要なのかを把握しておくと仕事に対する価値観も必然的に変わってきます。

月に10万円で十分ならば週に数回のアルバイトでも稼げますし、来年までに２００万円が必要となれば、生活を切り詰めた上に、寝る間も惜しんで働かなければならないかもしれません。

日本人は〝**貯金**〟が好きな国民だといわれますが、貯金はあくまで〝**手段**〟であり、決して〝**目的**〟ではないということを心に留めておきましょう。「家を買う」や「旅行に行く」、あるいは「子どもの学費」という目標に向けての貯金は有意義ですが、目的もなく貯金を増やすために働くのは本質から外れています。

人は皆〝幸せ〟を望むものですが、それを実現してくれるのが〝お金〟だとは限りません。もちろん、高いお給料をもらうことに幸せを感じる人もいますが、仕事にすべてを費やすことで、家族との時間など大切なものを失っている人がいるというのも事実です。**お金に固執しない幸せを見つけ出した偉人たちの言葉**は、あなたの心にどう響くでしょうか。

「金がないのは悲しいことだ。だが、金があり余っているのは2倍も悲しい」

――レフ・トルストイ（ロシアの小説家）

解説

作家として大きな成功を収め、富も名声も我がものとしたトルストイは、晩年になって**人生の無意味さ**に悩まされました。

人が望むようなものをすべて手に入れた彼は、なぜ人生に絶望してしまったのでしょうか。

お金がないことの苦しみは誰にでも容易に想像することができます。

家がなく、仕事がなく、食べる物にさえ不自由する生活は、どんな人にとっても辛く、苦しいものに違いありません。

しかし、一方でどれだけ時間と労力を費やしてお金を稼いだとしても、**使う時間や用途がない**としたら、それは幸せだと言えるでしょうか。

むしろ、孤独で、空しいことだと言えるのではないでしょうか。

Profile **レフ・トルストイ**

●『戦争と平和』や『アンナ・カレーニナ』などを残した、19世紀ロシア文学を代表する文豪。世界的な名声と財産を得たが、50歳を過ぎてからは人生に無意味さを感じるようになり、自殺を考えたこともあった。晩年は民衆の素朴な生き方に惹かれ、思想家として生きた。

「金がないから何もできないという人間は、金があっても何もできない人間である」

――小林一三（阪神阪急東宝グループ創業者）

解説

何かを始める時、人はお金や時間のなさを言い訳にしがちです。

しかし、何かを始める時、本当に必要なのはお金や時間なのでしょうか。

彼らに欠けているのは、**お金でも時間でもなく、本気で〝行動〟を起こそうとする強い決意**であることが大半です。

〝不足〟は何かを諦めるには打ってつけの言い訳ですが、できるかできないかを決める判断基準ではありません。

「お金ができたらやろう」、**「時間ができたらはじめよう」**と考える人には、いつまで経っても〝その時〟が訪れることはないでしょう。

できない言い訳を考えるくらいなら、思いきって始めてみるのも手です。足りないものは、努力や工夫で十分に補うことができるでしょう。

Profile **小林一三**

●阪急電鉄や宝塚歌劇団、阪急ブレーブスの設立など数多くの事業を興した実業家。その手腕を買われ、内閣商工大臣や国務大臣なども歴任した。住民が多い場所に鉄道を引くのではなく、鉄道を引いたことによって地域が活性化するという発想で見事な成功を収めた。

「貧しさは貧しいと感じるところにある」

——ラルフ・ワルド・エマーソン（アメリカの思想家）

解説

世の中に、豊かさや貧しさの基準を計る物差しはありません。

それは個人の心の中にのみ存在すると、エマーソンは説きました。

豊かさとはお金ではなく、心の問題なのです。

経済的には貧しくても心豊かな人はいますし、反対にお金持ちでも心が貧しい人も少なくありません。

あなたがもし、今の自分は貧しいと思っているのならば、それは金銭や心の状態にかかわらず〝貧しい〟状態だと言えます。

人間は心の持ち方ひとつで、豊かにも貧しくもなれるものなのです。

自分が貧しいと思い込んでいる人のところに豊かさは巡ってきません。

豊かさを求めるならば、まず心構えから変えていきましょう。

Profile ラルフ・ワルド・エマーソン

●7歳の時に父親を亡くし、若くして様々な苦労を経験したが、学業は優秀で14歳にして名門ハーバード大学に入学した。卒業後は教員や牧師を経て、思想家として活動。聖書の奇跡を疑問視し「イエスは偉大なる人間であり、神ではない」という見解を示した。

「金を稼ぐことを生活の中心に置き、そればかりに集中すれば、自滅を招くことになるだろう」

――スティーブン・Ｒ・コヴィー（アメリカの経営コンサルタント）

解説

現代人の生活には、ある程度のお金が不可欠です。

しかし、世界中でベストセラーとなった『７つの習慣　成功には原則があった！』の著者として知られるスティーブン・Ｒ・コヴィーは、**お金を稼ぐことを生活の中心にすることは、自滅への第一歩**だと語っています。

お金を中心とする生き方の限界は、人間関係などの大きな問題に直面した際に、はじめて痛感させられるはずです。

友人や家族との予定を後回しにして、仕事を優先してきたばかりに、気づけば周りに誰もいなくなっていたというのは、決して珍しい話ではありません。

人間は失ってはじめて存在の大きさに気づく生き物ですが、手遅れになる前に、生活の中心には何を置くべきかを考えてみた方がいいかもしれません。

Profile　**スティーブン・Ｒ・コヴィー**

●世界44ヵ国の言語に翻訳され、累計2000万部以上を売り上げた『７つの習慣　成功には原則があった！』の著者。イギリス誌『エコノミスト』で、世界で最も影響力を持つ経営コンサルタントに選ばれたこともある。2012年、自転車事故の負傷が原因で亡くなった。

「人から借金しなければ手に入らないような楽しみなど、絶対に求めてはならない」

――スターリング・ヘイドン（アメリカの俳優）

解説

第二次世界大戦に参戦することで映画界から離れていた、**〝映画史上最も美しい男優〟**スターリング・ヘイドンも、船好きが高じてヨットを購入する際に借金を背負い、返済のために映画界への復帰を望んでいました。

しかし、大戦中に共産主義者たちと交流を持っていたことで、政府からの追求の手が伸びてきたのです。それを回避するために協力的密告者として証言台に立ち、映画界へと舞い戻ることには成功しましたが、交流を持っていた人々を裏切ったことによる罪の意識はなかなかぬぐえなかったことでしょう。

彼は、**「借金によって人生を狂わされた」**と考えていたのかもしれません。

借金がすべて悪とは言えませんが、趣味のためだけに借金をするのは良策とは言えないかもしれません。

Profile　**スターリング・ヘイドン**

●『映画史上最も美しい男優』という触れ込みでデビューするも、第二次世界大戦が始まると自ら志願して米軍諜報機関に所属。戦後は映画界に復帰し、スタンリー・キューブリックの『博士の異常な愛情』や、フランシス・コッポラの『ゴッドファーザー』などに出演した。

「富に三等あり。家の富、身の富、心の富、これなり」

――貝原益軒《えきけん》（儒学者）

解説

幼少期から培った豊富な知識と、それを活かすための行動力を併せ持ち、医学、民俗、歴史、地理、教育と様々な分野で先駆者的な業績を残した貝原益軒は、こんな言葉を残しています。

彼が生きた江戸時代は、武士階級が支配する封建社会で、貧富の差も決して小さくはありませんでした。

貝原自身は貧しい家に生まれながらも、自身の努力によって藩の仕事を任されるまでに出世し、生涯で60部２７０余巻に及ぶ著書を執筆。

本物の幸せとは、**家族や一族が豊かであるか、自分自身が豊かであるか、心が豊かであるか**という、３つの要素に尽きるという考えに至りました。

つまり**いずれかの富が豊かならば、それは幸福と呼べる**のではないでしょうか。

Profile　貝原益軒

●江戸時代の儒学者。幼い頃から読書家で、博識な子どもだった。しかし、本で読んだだけでは納得できないことも多く、目で見て、手で触り、口にすることで確かめるという行動力も持ち合わせていた。福岡藩内をくまなく歩き回り『筑前国続風土記』を編纂した。

「富は多額の財産によるものにあらず。満足した心からなり」

――ムハンマド・イブン＝アブドゥッラーフ（イスラム教の開祖）

解説

〝富とはお金ではなく、満たされた心である〟その考えは時代も、国も、宗教観すら越えて、もはや普遍的なものだと言えるのかもしれません。

世界に約16億人、キリスト教に次いで2番目に多くの信者を持つ宗教とされるイスラム教。

その開祖であるムハンマドもまた、富とは心の満足であると説いています。

多額の財産は、一旦手にしたとしても、いずれはなくなるものです。

しかし、満たされた心はというと、不安定に揺れ動くこともありますが、自分の意識次第で常に持ち続けることができます。

〝形はあれどいずれ失ってしまうモノ〟と**〝形はなくても常に寄り添っていられるモノ〟**どちらに豊かさを感じるかは、あなたの考え方次第です。

Profile ムハンマド・イブン＝アブドゥッラーフ

●イスラム教の開祖で、アラビア半島にイスラム国家を立ち上げた人物。メッカの郊外にあるヒラー山の洞窟で瞑想に耽っていた際に、アッラーからの啓示を受けたムハンマドは、これを機に預言者として開眼。神の教えをコーランとしてまとめ、イスラム教を説いた。

「豊かな人間とは自分が富であるかのような人間のことであって、富を持つ人間のことではない」

――カール・マルクス（経済学者）

解説

経済学の観点からあらゆる社会問題を見つめ、人間にとっての幸福な社会を追求し続けたマルクス。

そんな彼が辿り着いた〝豊かさ〟の答えが、この言葉に集約されています。

血縁関係、恋愛関係、利害関係など、人と人との付き合いには、様々な関係性があります。

長く続くものもあれば、ひとつのきっかけで崩れてしまうような脆い関係や金銭的な結びつきしかないような関係もあるでしょう。

人の豊かさとは、それらの関係性に表れてくるものです。

真に豊かな人間とは、その人が持つ財産やネームバリューではなく、**その人自身の人柄に惹かれて人が集まってくるような人物**なのではないでしょうか。

Profile カール・マルクス

●資本主義社会の研究をライフワークとし『資本論』を執筆。資本主義の高度な発展により共産主義社会が到来する必然性を説き、共産主義の祖とされた。彼の思想は〝マルクス主義〟と呼ばれ、20世紀以降の国際政治や思想に多大なる影響を与えた。

「貧乏はハシカと同じだ。どうせかかるなら早い方がいい。貧乏に生まれたことを喜べ」

――本多静六（日本の林学博士、造園家）

解説

若いうちに貧乏を経験するメリットは2つあります。

ひとつは**耐性がつくこと**、もうひとつは**それをバネに成長できること**です。

日本全国の公園製作に携わり『公園の父』と呼ばれた本多静六は、裕福な農家の家に生まれるも、9歳の時に父親が急死し、それと同時に借金まみれの生活を強いられることになりました。

この辛い経験をバネに、彼は農閑期には上京して勉強に励み、農繁期は帰省して農作業を手伝うというハードな生活を送りました。

その結果、彼は国の仕事を請け負うまでの人間へと成長したのです。

大人になってからの貧乏は、肉体的にも精神的にもダメージが大きいですが、若い頃の貧乏は人間に**忍耐強さと向上心を与えてくれる**はずです。

Profile **本多静六**

●埼玉県の農家に生まれ、東京農林学校（現在の東京大学農学部）に入学。その後、林学を学ぶためにドイツへ留学した。東京の日比谷公園や明治神宮をはじめ、北は北海道、南は九州まで日本全国で多数の公園の設計・改良に携わったことから『公園の父』と呼ばれる。

「生命に勝る富はない」

――ジョン・ラスキン（イギリスの思評論家）

解説

人間は何ひとつ未来のことを知ることができません。

将来どんな仕事に就くのか、誰と結婚するのか、それこそ明日がどんな日になるのかすら、正確にはわからないのです。

ただひとつだけ未来において確定しているのは、**人間はみな例外なく死を迎えるということ**だけ。

将来どんな仕事に就こうと、誰と結婚しようと、それこそ明日がどんな日になったとしても、人間はいつか訪れる死を避けることはできないのです。

しかし、反対に言えば、生きている限り人間には**無限の可能性**があるということになります。

ジョン・ラスキンが言うように、このことに勝る富はありません。

Profile　ジョン・ラスキン

●イギリス・ヴィクトリア時代を代表する美術評論家。裕福な葡萄酒商人の家の一人っ子として生まれ、両親から過保護ともいえるほどの深い愛情を受けて育った。父の死後、莫大な遺産を相続したが、社会主義者としての信条に従って、複数の慈善事業に活用した。

エトセトラ

樫だけが樹ではない。薔薇だけが花ではない。多くのつつましい富が私たちのこの世を豊かにしているのだ。

ジェイムズ・レイ・ハント（イギリスの詩人）

貧困は僕にとって必ずしも憎むべきものではなかった。なぜなら、太陽と海は決して金では買えなかったから。

アルベール・カミュ（フランスの小説家）

儲けることを考えるより、世界で一番いいビールを作ることを考えようじゃないか。

樋口慶太郎（アサヒビール会長）

10年間市場が閉ざされても、持っていて幸せだと思えるものしか買ってはならない。

ウォーレン・バフェット（アメリカの投資家）

富はひとつの病で……金持ちはみな異常な存在だ……金持ちに人生がどんなものかわかるだろうか？

ロマン・ロラン（フランスの作家）

無知は富と結びついてはじめて人間の品位を落とす。

アルトゥル・ショーペンハウアー（ドイツの哲学者）

人間と人間の間柄には、愛よりほかの財産はない。

エーリヒ・アウエルバッハ（ドイツの文学者）

まだ笑うことができる限り、彼はまだ貧乏ではない。

アルフレッド・ヒッチコック（イギリスの映画監督）

第8言

異性から好かれるための愛言葉

意外と見られている〝言葉使い〟

あなたはうっかり間違えていませんか？
男女関係における上手な言葉の使い方

容姿、性格、職業など、人が人を判断する時に見る要素はいくつかありますが、その人が発する**〝言葉〟**も大切な要素のひとつだと言えます。特に異性間における言葉の重要性は大きく、たった一言で距離が近づいたり、逆に関係が悪化してしまうこともあります。

では、異性と良好な関係を築くために有効な言葉とはどのようなものなのでしょうか。

まず真っ先に思い浮かぶのが**〝相手を褒める言葉〟**です。人間誰しも、褒められて悪い気はしません。特に「買ったばかりの服」や「髪色の変化」など、気づかれにくいような些細なポイントを褒められると、**「この人は、自分のことを見てくれているのだ」**という好意的な気持ちが生まれやすくなります。ただし、むやみやたらと褒めすぎるのは禁物。褒めることも度が過ぎると、嘘臭さといやらしさが混じってしまいます。

反対に、最もやってはいけないのが**〝他人の悪口〟**です。悪口というのは、一時的には盛り上がるかもしれませんが、概して後味がいいものではありません。相手によっては**「別の場所では、自分も悪口を言われているのかもしれない」**と疑心暗鬼になる恐れもあり、結果的には自分の品格を下げることになります。

また、異性から好意を抱かれるためには、話すだけでなく〝聞く力〟も身につけなければいけません。相手が気持ちよく話せるかどうかは、聞き手側の態度にかかっているのです。話を聞きながら頷くことや、相づちを打つことは、最も有効なリアクションだと言えるでしょう。特に女性には**「意見を言って欲しい」のではなく「ただ聞いて欲しいだけ」**という話があるものです。他方、男性は〝活発な議論〟を求める傾向にあります。話に対してただ頷いているだけでは「本当に聞いてる？」などという気持ちを抱きかねません。

いずれにせよ、異性から好かれるためには**〝嘘のない言葉〟**で話す必要があります。時には〝お世辞〟などのテクニックも必要ですが、本当に相手の心に響くのは、嘘のない素直な言葉です。言葉には、その人の考え方や人間性など、すべてが宿ります。その場を上手く取り繕うために心にもない言葉を選ぶのではなく、心で思ったことをそのまま表現できる強さも必要かもしれません。

「美しい唇であるためには、美しい言葉を使いなさい。美しい瞳であるためには、他人の美点を探しなさい」

——オードリー・ヘップバーン（イギリスの女優）

解説

美しさとは容姿によってのみ決められるものではありません。

そこに正しい使い方が備わって初めて輝きだすものなのです。色や形など、単に表面上の美しさばかりを追い求めている人は、いつまでたっても本物の美しさを得ることはできません。

始めから展示目的で造られた住宅が味気ないのと同じで、あらゆるものは本来の用途で使われて初めて魅力を放つのです。

絶世の美女として世界を虜にしたオードリー・ヘップバーンは、後半生のほとんどを貧困国で苦しむ恵まれない子ども達の支援活動に捧げました。

そう、美しい人になるためには、美しい言葉を使い、他人の美点を探し、そして**美しい行動**をすることも大切なのです。

Profile　オードリー・ヘップバーン

●ハリウッド黄金時代に活躍した女優。アメリカ映画教会が選ぶ「最も偉大な女優50選」では堂々の第３位に輝いている。『ローマの休日』や『ティファニーで朝食を』など、映画史に残る名作に出演。アカデミー賞、エミー賞、グラミー賞、トニー賞など受賞経験も多数。

「ありのままの自分を愛すれば愛するほど、それを反映した、愛にあふれる出来事を創造する」

――アーノルド・パテント（アメリカの実業家）

解説

人は多かれ少なかれ不安やコンプレックスを抱えているものです。

そのため、アーノルド・パテントが言うような**「ありのままの自分を愛する」**という行為は、そう簡単ではありません。

しかし、その困難を乗り越えて、ひとたび、ありのままの自分を愛せるようになると、見えている世界が一気に変わっていきます。

例えば、まず人との付き合い方が変わってくるはずです。

他人からよく思われたいとか、馬鹿にされたくないという気持ちで身構えていたものが、自信を持ってありのままの姿をさらけ出せるようになると、相手もより素直な姿勢で向き合ってくれるようになるでしょう。

それは、まさしく**「愛にあふれる出来事の創造」**に他なりません。

Profile　アーノルド・パテント

●もともとは弁護士や実業家として活動していたが、自身が提唱する〝万能の法則〟を普及させたいという思いから講演家・著述家に転身。『「成功」＋「幸せ」を手に入れる21の原則』を執筆した。講演活動や執筆活動の他に、テレビにも積極的に出演している。

「くだらん男も恋をすれば、少なくとも今より立派になる」

――ウィリアム・シェイクスピア（イギリスの劇作家）

解説

舞台の上で様々な人間模様を描いてきたシェイクスピア。

人間を描くため、その本質を深く見つめ続けた彼だからこそ、このような言葉が生まれたのかもしれません。

人生で最も難しいものをひとつ挙げるとすれば、多くの人が〝**恋愛**〟と答えるでしょう。

相手を振り向かせるための努力から始まり、一緒に過ごしていくことで生じる問題を乗り越え、時には感情的な衝突を起こしながら、相手を知り、距離を近づけていく恋愛は、ある意味では困難の連続だとも言えます。

しかし、逆に言うと、恋愛で得られるものは、それほどまでに大きいということで、どんな結末を迎えようとも、**人間的には確実に成長できる**はずです。

Profile **ウィリアム・シェイクスピア**

●イギリス・ルネサンス演劇を代表する劇作家。卓越した人間観察能力による内面の心理描写を得意とした。四大悲劇と呼ばれる『ハムレット』、『マクベス』、『オセロ』、『リア王』をはじめ、『ロミオとジュリエット』や『ヴェニスの商人』などの傑作を残した。

「美しい女性を口説こうと思った時、ライバルの男がバラの花を10本贈ったら、君は15本贈るかい？ そう思った時点で君の負けだ。ライバルが何をしようと関係ない。その女性が本当に何を望んでいるのかを、見極めることが重要なんだ」

——スティーブ・ジョブズ（アップル社共同設立者）

解説

世界で最も大きな功績を残したイノベーターと評価されているスティーブ・ジョブズの、真理を突く一言。

自分と対立するライバルを意識しすぎるあまり、人はつい本来の目的を見失ってしまいがちです。

恋愛において**目を向けるべきは、ライバルではなく、意中の相手**なのです。

つまり、ライバルに負けないよう張り合うのは、とても的外れな行動であり、本来考えるべきことを後回しにしている状態だとも言えます。

ライバルの行動が視界に入って気になるのは仕方ありませんが、本当に意中の相手をモノにしたいのであれば、余計な雑念には振り回されず、**いかに相手の気を惹くかに全力を注ぐべき**でしょう。

Profile スティーブ・ジョブズ

●熱狂的なファンを持つアップル社の共同設立者で、iPodやiPhoneなど、世界を席巻するデジタルガジェットの生みの親。時に乱暴ですらあった強烈なリーダーシップと、一切の妥協を許さない完璧主義な姿勢で、数々のイノベーションを起こしてきた。

「わたしたち女は、男を尊敬したくてウズウズしているのである。男たちよ、その期待を裏切らないでください」

――塩野七生《ななみ》（日本の歴史作家）

解説

人それぞれ好みはあれど、人間は**異性に対して自分なりの〝理想像〟**を持っているものです。

それらは必ずしも、世間一般で言う〝男らしさ〟や〝女らしさ〟に該当するものではありませんが、期待していたものと違った場合には幻滅を招くことになってしまいます。

塩野氏の言葉の根底には、異性に対する一方的で身勝手な願望というよりも、リスペクトの気持ちが強く感じられます。

相手の本質に失望したくないという後ろ向きな願望ではなく、相手を常に尊敬していたいからこそ、人は異性に期待するのではないでしょうか。

異性からの期待はプレッシャーではなく、理想の表れだと捉えましょう。

Profile **塩野七生**

●東京都出身の女性作家。詩人で小学校教師でもあった父の影響で、幼い頃から読書を好み、神田神保町の古本屋で軒並み借金をするほどだった。大学卒業後はイタリアで学び、作家としてデビュー。代表作には『ローマ人の物語』や『男たちへ』などがある。

「男女の仲というのは、夕食を２人きりで３度して、それでどうにかならなかったときはあきらめろ」

――小津安二郎（日本の映画監督）

解説

生涯を通して〝家族の絆〟や〝老いと死〟、〝人間の一生〟などのテーマを描き続けた小津安二郎監督。

普遍的な人間像を描くために必要なのは、豊富な知識でも、想像力でもなく、徹底した人間観察と自己経験に尽きます。

彼の言葉もまた、自分の経験を基にした教訓だったのではないでしょうか。**夕食を共にすることは、人を理解するために最も有効な手段のひとつ**です。

食べ物の好き嫌いはもちろんのこと、性格や考え方など、食事中の会話や素振りからわかることは無数にあります。

それを３回も繰り返せば、自分に好意があるのか、脈がないのかを判断するには十分なほど、たくさんのことがわかるでしょう。

Profile　小津安二郎

●黒澤明と並び、世界的な評価を受ける映画監督。ローアングルで固定した構図の中で進んでいく会話や、日本の伝統的な生活様式へのこだわりなど、〝小津調〟と呼ばれる独自のスタイルを確立した。「娘の結婚」や「親子関係」をテーマにした作品が多い。

「愛情にはひとつの法則しかない。それは愛する人を幸福にすることだ」

――スタンダール（フランスの小説家）

解説

フランスの小説家であるスタンダールは、自身の経験をもとに執筆した『恋愛論』の中で、恋愛というものを次のように分析しています。

いわく、恋愛には**〝情熱的恋愛〟**、**〝趣味的恋愛〟**、**〝肉体的恋愛〟**、**〝虚栄恋愛〟**の4つがあるとのこと。

そして、それらはいずれも感嘆、自問、希望、恋の発生、第一の結晶作用（恋愛によって対象を美化させてしまう心理）、疑惑、第二の結晶作用という7つの過程を経て結実すると説いています。

そして、その原動力は**〝愛する人を幸福にする〟**という思いからしか生まれてこないというのです。

彼の言葉は、相手の幸せを願うという恋愛の本質を思い出させてくれます。

Profile　スタンダール

●弁護士の子として裕福な家に生まれたが、7歳の時に母親が死亡。生涯にわたって、異常なまでに母を偏愛し続けた。軍人時代は、馬にも乗らず剣もふるわず、女遊びにうつつを抜かしていた。その後、物書きへと転身し、『恋愛論』などを執筆した。

「男と交際しない女は次第に色褪せる。女と交際しない男は次第に阿呆になる」

——アントン・チェーホフ（ロシアの劇作家）

解説

世界各国様々な作家がいる中でも、チェーホフほど女性からモテた作家はいなかったのではないでしょうか。

妻がいながらも、複数の女性と関係を持ち、街を歩けば花束が投げ込まれ、しょっちゅう女性に囲まれていたという記録が残っています。

彼が言うように、女性は**他人から見られていたり**、恋人から**たくさんの愛を受けている**と、どんどんと**美しくなっていく**ものです。

反対に誰からも相手にされない女性は、次第に周囲の視線が気にならなくなり、自分を磨くことすらしなくなってしまいます。

一方、男性はと言うと、女性を口説くために知恵をしぼらなくなると、考える力が劣化していってしまうのです。

Profile　アントン・チェーホフ

●『かもめ』、『ワーニャ伯父さん』、『桜の園』などの作家として知られる、ロシアを代表する戯曲家。戯曲だけではなく、短編小説や旅行記なども執筆している。若い頃からユーモアセンスに長けており、女性からも非常によくモテたと伝えられている。

「少しの生真面目さは恋愛においては結構だ。しかしあまり真面目すぎては困る。それは重荷であり、快楽でなくなる」

――ロマン・ロラン（フランスの作家）

解説

恋愛とは基本的に楽しいものであるべきです。

例え意見の食い違いやケンカがあったとしても、愛と理解があれば乗り越えられるもの。

心から楽しめない恋愛には無理して続けるほどの価値はありません。

約束を守ることや、浮気をしないことなど、恋愛関係を続けていくにあたって真面目さは不可欠な要素ですが、あまり厳格になりすぎると、楽しさが失われてしまう恐れもあります。

「待ち合わせに1分でも遅れたら、別れる」などという極端な人はいないでしょうが、それに近いことがケンカの原因になることは十分にあり得ます。

真面目過ぎるのも考えもので、恋愛には、時に**柔軟な姿勢**も必要です。

Profile **ロマン・ロラン**

●理想主義的ヒューマニズム、反ファシズム、平和主義などを訴え、生涯にわたって戦争反対を叫び続けた作家。国際的にも高く評価された人物で、1915年にはノーベル文化賞を受賞した。レーニンやガンジー、アインシュタインなどジャンルを超えた交友関係を持っていた。

「どうか僕を幸福にしようとしないでください。それは僕に任せてください」

――アンリ・ド・レニエ（フランスの詩人、小説家）

解説

〝幸せとは求めるものではなく与えるもの〟

それはつまり、相手に対して一方的に自分への愛を求めるのではなく、お互いが相手を思いやり、慈しみ、愛する心を持つことができれば、〝幸せ〟は自然と感じられる、ということです。

ただし、それが**〝愛情や幸福の押し売り〟**になっては意味がありません。「ボクはこれだけキミのことを愛しているのに、なぜキミはボクのことを愛してくれないのか?」となってしまえば、あとは〝破滅〟しか残されていないのです。そう、**〝見返り〟を求めることは、恋愛において究極のタブー**です。

「相手が幸せになることが自分にとっての最大の幸せ」、そんなふうに考えられる恋愛こそが、本物の〝愛〟なのかもしれません。

Profile　**アンリ・ド・レニエ**

●憂愁にして豪奢と評される、フランス・新古典主義の詩人。日本の作家・永井荷風が私淑していたことでも知られる。妻は、キューバ出身の高踏派詩人であるジョゼ・マリア・ド・エレディアを母に持つ作家のジェーラール・ドゥーヴィル。作家夫婦だった。

異性から好かれるための 愛言葉

エトセトラ

あの女が落とした扇子を拾え。どうしたらよいかわからなくても構わないから。

ポール・エリュアール（フランスの詩人）

女性が綺麗になる方法は2つあります。「いい恋をすること」と「悪い恋をやめてしまうこと」です。

浜尾朱美（アナウンサー）

愛情をケチってはいけない。元手は使うことによって取りもどせるものだ。

ジークムント・フロイト（オーストリアの精神分析学者）

当人が偉大になればいい。そうすれば恋のほうから必ずあとについてくる。

ラルフ・ワルド・エマーソン（アメリカの思想家）

芸術でも技術でも、いい仕事をするには、女のことがわかってないとダメなんじゃないかな。

本田宗一郎（本田技研工業創業者）

美しい姿は美しい顔に勝り、美しい行ないは美しい姿に勝る。

ラルフ・W・エマーソン（アメリカの思想家）

愛されることは幸福ではなく、愛することこそ幸福だ。

ヘルマン・ヘッセ（ドイツの作家）

床の上で自分の子供の電気機関車をいじくって30分を空費することのできる男は、どんな男でも実際は悪い人間ではない。

シメオン・ストランスキー（アメリカのエッセイスト）

第9言

良好な夫婦関係を維持するための円満言

最近、夫婦で会話してますか？

〝言わなくてもわかるだろう〟ではわからない ツーカーの仲だからこそ大切にしたい言葉の力

「ツーカーの仲」や**「阿吽の呼吸」**という言葉が示すように、人間というのは付き合いが長くなればなるほど、言葉を介さずとも意志の疎通ができるようになってくるものです。そして、その最たるものが〝夫婦関係〟だと言えるでしょう。

お互いのことをあまり知らない間柄では、「好きな色」から「味の好み」まで細かいことでもいちいち確認しなければわかりません。しかし、長年一緒にいる夫婦ともなると〝言わなくてもわかること〟が少しずつ増えていくものです。

これは、長くいることで得られるメリットのひとつでしょう。しかし、同時に〝会話がなくなる〟きっかけにも繋がりかねません。

いくら夫婦と言えど、所詮は別の人間です。何も言わなくても、すべてが伝わるようなことはあり得ません。**〝言わなくてもわかるだろう〟**という幻想は、次第に**〝何でわからないんだ〟**という感情に変わっていきます。とくに一緒にいる時間が長くなってくると、相手の嫌な部分が目につきやすくなるもの。付き合いが長いだけに相手に対する気遣いも不足してきて、些細なきっかけでも大事に発展しかねません。

良好な夫婦関係を維持していくためには、やはり〝言葉〟が必要です。「今さら言わなくてもわかるだろう」という考えは捨て去り、自分の気持ちや思っていることは積極的に言葉に出すようにしましょう。

例え些細なことであっても**「ありがとう」**や**「ごめんなさい」**など、相手の行為に言葉で応えることも大切です。言葉の役割は自分の考えを一方的に伝えるだけでなく、相手の気持ちを楽にしたり、温かくするものでもあるのです。

そして、円満な夫婦関係を続けていくために最も大切なのは**〝将来の話をすること〟**です。付き合ったばかりの頃は、来週のデートの話や、来年の目標の話、そしていつかはしたい結婚の話など、ことあるごとに将来の話をするものです。しかし、結婚して、子どもが生まれ、子育てを終える頃には、会話そのものが減ってしまいます。そんな時こそ、改めて先の話をしてみましょう。それだけで、明日一日が仲良く過ごせるものです。

「世界平和のために何ができるかですって？家に帰って、あなたの家族を愛しなさい」

——マザー・テレサ（カトリック教会の修道女）

解説

ノーベル平和賞を受賞した際のインタビューで「世界平和のためには何をしたらいいですか？」と訊ねられたマザー・テレサは、こう答えました。

過去から現在に至るまで、世界では常に争い事が起きており、世界平和は一向に実現しそうにありません。

一方で、恋人同士や家庭など、小さな範囲で平和を感じられる場面は、世界中のいたるところにあります。

結局、世界平和とはひとりの権力者によってもたらされるものではなく、全人類ひとりひとりが平和に暮らすことでしか実現し得ないものなのです。

そこに近づくためには、ひとりでも多くの人が**家族を愛する気持ちを持ち続けること**が、最も確実かつ、ただひとつの方法なのではないでしょうか。

Profile **マザー・テレサ**

●カトリック教会の修道女であり、「もっとも貧しい人々のために働くこと」を使命に設立された『神の愛の宣教者会』を創立者。その献身的な活動が評価され、ノーベル平和賞を受賞したが、賞金はすべてインド・カルカッタの貧しい人々のために使われることになった。

「女房ほめればよく尽くす。亭主たてればよく稼ぐ」

――永六輔（放送作家）

解説

人間の行動力の原点には**“他人からの評価”**があります。

多くの人は、他人から評価されることによって自信が身に付き、それを頼りに次の行動を起こします。

人を評価するということは、言い換えれば、相手の向上心を呼び起こすことでもあるのです。

これは職場での人間関係はもちろんのこと、夫婦の間でも言えます。

例えば、奥さんが作った料理に対して、単に「美味しかった」と伝えるよりも**「美味しかったから、また作ってね」**と一言付け加えるだけで、相手は自然と「また一生懸命作ろう」というふうに思えるものです。

相手を褒めることは、夫婦間においてとても大切な要素なのです。

Profile 永六輔

●放送作家、随筆家、ラジオパーソナリティと、いくつもの顔をもつ多才な人物。坂本九が歌った『上を向いて歩こう』の作詞家としても知られている。過去には参議院選挙に出馬したこともあったが落選。以降、選挙への立候補はなく、ラジオの仕事をメインとしている。

「人を信ずることは、もちろん、はるかに人を疑うことに勝っている。わたくしは、人を信じすぎる欠点があったとしても、絶対に人を疑いすぎる欠点はないようにしたいと思う」

――吉田松陰（長州藩士）

解説

人を信じることは簡単なように見えて、とても難しいものです。

相手を信じるためには、まず**信頼が不可欠**で、それを築き上げるためには、**多くの時間と経験の共有が必要**になります。

これに対して、人を疑うというのは実に簡単です。

夫婦間でいえば「いつもよりも少し帰りが遅かった」など、少しでも怪しい気な点がありさえすれば、人は簡単に相手を疑うことができます。

しかも、一度疑い始めると、何もかもが怪しく思えてきて、酷い場合には「いつもより優しい気がする」といった本来ポジティブであるはずの変化にさえ、何か裏があるように勘ぐってしまうことになりかねません。

そうなる前に、これは夫婦として**あまりに悲しい関係**だと気づくべきです。

Profile 吉田松陰

●幕末の動乱期に活躍した武士・思想家。叔父の玉木文之進が開いた松下村塾を引き継ぎ、高杉晋作や伊藤博文、山縣有朋など、その後、明治維新に携わる重要人物を数々輩出。明治維新の精神的指導者と見なされた。最期は安政の大獄で投獄され、斬首刑に処されている。

「恋が消えなければ、夫婦の愛情は起こらない」

――田山花袋（日本の小説家）

解説

「恋と愛は別物である」という意見を耳にすることがありますが、両者はいったいどのように違うのでしょう。

まず、恋とは**〝一方的に相手を追い求めるもの〟**だと言えます。

一方、愛とは**〝双方が求め、与え合えるもの〟**だと言えるでしょう。

両者の最も大きな違いは〝与えられるかどうか〟にあるのです。

このことを踏まえると、長く支え合ってくことを前提としている夫婦関係は、一方的に求め続ける〝恋〟ではなく、**お互いに求め、与え合う〝愛〟で繋がっているのが理想的**だと言えます。

自分の想いだけでなく、相手のことを想えるようになった時、夫婦は初めて愛で結ばれるのかもしれません。

Profile　田山花袋

●日本における自然主義派小説家の代表格。尾崎紅葉の元で修行を積み、小説家として独り立ち。柳田國男や島崎藤村などとも親交が深かった。小説の他に紀行文も多数執筆しており、自らの足で歩き、実際に見た情報をもとに『山行水行』や『温泉めぐり』を書いた。

「家庭を快適に保てないで、天下を治めることはできない」

――ヘンリー・フォード（フォード・モーター創設者）

解説

フォード・モーター創設者であるヘンリー・フォードは、ライン生産方式による安価な自動車生産を実現し、交通と産業の両方に革命をもたらしました。

そんな彼の成功の影には、献身的に夫を支える妻の存在がありました。

この言葉は、彼自身の生活を実によく物語っています。

仕事で大きな成果を上げるためには、そこに全精力を注ぐ必要があります。

家庭に問題を抱えているような状態では、とても成し遂げられないのです。

仕事に集中するために**支えてくれる家族**がおり、常に**温かく迎えてくれる家庭**があることは、何よりも**自分の力**になります。

もちろん、小さな家庭をまとめられないようでは、大きな会社をまとめることも、集団で目標を達成することもできないのは言うまでもありません。

Profile ヘンリー・フォード

●自動車会社『フォード・モーター』を創設したアメリカの起業家。自動車の組み立てにライン生産方式を採用することで大量生産を可能とし、販売価格のダウンを実現。それまで上流階級にしか手が出せなかった自動車を、一般レベルで普及させることに大きく貢献した。

「朝夕の食事はうまからずともほめて食うべし」

――伊達正宗（戦国大名）

解説

夫婦生活が長くなってくると、最初の頃には特別に感じていたことが、どんどん当たり前になっていく傾向にあります。

例えば、初めて恋人に料理を作ってもらった時には感じていたはずの特別感が、毎日の食事になってしまうと徐々に失われていきます。

しかし、初めて作ってもらった料理も、毎日食卓に並べられる料理も本質的には何も変わらないのです。

それどころか、毎日メニューを考えたり、健康のことを考慮した料理を作るというのは、**本当の意味で〝特別〟**だということを忘れてはいけません。

作り手の苦労に目を向けず、細かいことに文句など言っていませんか？

毎日食事を作ってもらっているならば、**感謝と労いの言葉**を伝えましょう。

Profile **伊達正宗**

●出羽国の戦国大名にして、伊達氏の第17代当主。人取橋の戦いで、佐竹・蘆名連合軍に勝利したのを皮切りに、奥州を制圧。徳川幕藩体制の確立で天下人への夢は潰えたが、仙台藩に繁栄をもたらした。隻眼だったことから〝独眼竜〟と呼ばれた。

#「結婚前には両目を大きく開いて見よ。結婚してからは片目を閉じよ」

――アルフレッド・テニスン（イギリスの詩人）

解説

結婚相手を決めるときは、相手の長所も短所もよく見極め、２人で過ごす将来をイメージしてみるべきです。

しかし、どんなに注意深く見たところで、ひとりの人間のすべてを理解するのは不可能ですし、ましてや、人間は常に変化するものなので、そこまで先を予想して結婚相手を決めるのは難しいと言わざるを得ません。

もし、結婚してから相手の嫌な部分が見えてきたとしても、思い切って目をつぶりましょう。

そこで、**自分の判断を悔やむのはあまりに無益な行為**です。

人生最大の決断をより良いものにするためには、相手に完璧さを求めるのではなく、**互いを尊重すること**のほうがずっと重要です。

Profile アルフレッド・テニスン

●イギリス・ヴィクトリア時代の詩人。リンカンシャー州に牧師の子として誕生。ケンブリッジ大学を卒業後、兄と共に詩集を発表するも、評価されることはなかった。10年間は詩作から離れていたが、友人の死をきっかけに長詩『イン・メモリアム』を書き上げた。

「夫婦とは２つの半分になるのではなく、ひとつの全体になることだ」

――フィンセント・ファン・ゴッホ（ポスト印象派の画家）

解説

結婚するということは、単に生涯を共にするという意味ではありません。

恋人関係でもなく、友人関係でもなく、**ひとつの運命共同体になる**という、まさに「健やかなる時も、病める時も、命ある限り真心を尽くす」関係になることなのです。

そう考えると、結婚相手を選ぶ際には「気が合う」というような〝プラスとプラス〟の関係性だけではなく、「自分はネガティブなのでポジティブな相手と一緒になりたい」というような〝マイナスをプラスで補う〟ような関係性も考慮してしかるべきでしょう。

場合によっては**〝高め合う〟**ことよりも**〝補い合う〟**関係の方が、結びつきがより強固になることも十分にあり得ます。

Profile　**フィンセント・ファン・ゴッホ**

●オランダ出身でポスト印象派を代表する画家。誰もが知る『ひまわり』や『星月夜』などの名画を残したが、生前に売れた絵はたった１枚だった。自身の表現を追求し続けたが、思うような評価を得ることができず、最期は精神を病んで失意のまま自殺を遂げた。

「夫婦が長続きする秘訣だって？それは、一緒にいる時間をなるべく少なくすることさ」

――ポール・ニューマン（ハリウッド俳優）

解説

実力派俳優として半世紀にわたって第一線で活躍し、数々の賞を受賞してきたポール・ニューマンらしいウィットに富んだ一言。

実際のニューマンは一度の離婚経験はあるものの、再婚したジョアン・ウッドワードとは50年も連れ添い、ハリウッドでも有数のおしどり夫婦として知られていました。

彼の言葉は、ある意味では真理を突いていますが、まともに受け取ってしまっては危険です。

良好な夫婦関係を続けていくためには、些細なことも言葉にして伝えることが大切ですが、これに関しては口に出さない方が無難でしょう。

ジョークとして使うとしても、**あくまで冗談の範囲**に留めておきましょう。

Profile ポール・ニューマン

●アカデミー賞３度の受賞経験を持つ実力派俳優。1954年に『銀の盃』でデビューしてから、半世紀以上に渡って第一線で活躍した。離婚経験もあるが、２番目の妻となった女優のジョアン・ウッドワードとは、彼が亡くなるまで50年を共に過ごした。

「結婚をしないで、なんて私は馬鹿だったんでしょう。これまで見たものの中で最も美しかったものは、腕を組んで歩く老夫婦の姿でした」

――グレタ・ガルボ（ハリウッド女優）

解説

晩婚化が叫ばれるようになって久しい世の中ですが、最近では、男女問わず独身を好む人が増えてきています。

類い稀なる美貌で、世の男性達を魅了したグレタ・ガルボも生涯結婚せずに、気ままな一人暮らしを続けました。

そんな彼女も、晩年になって、このような言葉を漏らしています。

老夫婦が手をつないで歩く姿には、**長年寄り添った男女ならではの深い哀愁**が漂い、おぼつかない足取りからは、これまで支え合って生きてきた歴史の重みや**強い信頼関係**が伝わってきます。

それは人間にとって、ある種**理想的な姿**だと言えるのではないでしょうか。

年老いた時にひとりではないというのは、何にも増して心強いことです。

Profile グレタ・ガルボ

●ハリウッドがサイレント映画からトーキー映画へと変わりゆく時期にかけて、一時代を作り上げた伝説的な女優。主演女優として３度もアカデミー賞にノミネートされたが、35歳の若さで映画界を引退。その後は、表舞台に出ることなく隠居生活を送った。

良好な夫婦関係を維持するための 円満言

エトセトラ

王様であろうと、百姓であろうと、自己の家庭の平和を見いだす者が、いちばん幸福な人間である。

ヨハン・ゲーテ（ドイツの作家）

愛する者と暮らすにはひとつの秘訣がいる。すなわち相手を変えようとしてはいけないことだ。我々の気にさわる欠点を直そうとすれば、たちまち相手の幸福まで破壊してしまう。

シャルドンヌ（フランスの小説家）

どちらも相手を通して、自分個人の目標を何か達成しようとするような夫婦関係はうまくいく。例えば妻が夫によって有名になろうとし、夫が妻を通して愛されようとするような場合である。

フリードリヒ・ニーチェ（ドイツの哲学者）

ときどき孤独になりたい思いが、男にも女にもわく。２人が相愛の仲であれば、相手のそのような思いを互いに嫉妬するものである。

アーネスト・ヘミングウェイ（アメリカの詩人）

良い妻というものは夫が秘密にしたいと思っている些細なことを常に知らぬふりをする。それが結婚生活の礼儀の基本である。

サマセット・モーム（イギリスの作家）

真に幸福な結婚においては、恋愛が友情と混和していなければならない。

アンドレ・モーロア（フランスの小説家）

たのしみは 春の桜に 秋の月 夫婦仲よく 3度くふめし

5代目市川団十郎（歌舞伎役者）

第10言

生きる力がわいてくる希望の言葉

口説き文句を知りたい

いっしょに年をとろう！　最上のものはまだ先にある。人生の最後、そのためにこそ最初は作られた。

ロバート・ブラウニング（イギリスの詩人）

愛しい人よ、きみに出会う前、ぼくはひとりで、どうやって、生きていられたのだろう。きみなしでは、ぼくの人生は人生ではない。

アルバート・アインシュタイン（ドイツの物理学者）

僕は初めて恋に落ちた。この愛は続くよ。永遠に続く愛なんだ。過去のない愛なんだ。

ジョン・レノン（イギリスのミュージシャン）

今の僕には一銭の金もないけど、ついてきてくれるかい？

加山雄三（俳優）

燃える心を静めて2人の行方を考えよう。一緒に暮らすために。愛してほしい。君への忠実な愛を信じておくれ。あなたは永遠。僕も永遠。いつまでも2人で。

ベートーヴェン（ドイツの音楽家）

あなたを見ていると幸せだ。あなたのことを考えていると1日中幸せだ。

チャールズ・ディケンズ（イギリスの小説家）

もし、車が信号で止まったらキスをしよう。

田村淳（お笑いタレント）

ねえやさしい恋人よ、私の惨めな運命をさすっておくれ。

萩原朔太郎（詩人）

私のすべては、あなたと云ふ対象を離れて

は何物も何事についても考へ得られないのです。

伊藤野枝（作家）

頼むから黙って、ただ愛させてくれ。

ジョン・ダン（イングランドの詩人）

お金持ちになるとは誓わない、けれども面白い人生になることは約束する！

バラク・オバマ（アメリカの第代大統領）

私が今ここに立っていられるのは、人生を共にする女性が、愛とはどんなものであるかを教えてくれ、今も毎日それを示してくれるおかげです。

トム・ハンクス（アメリカの映画俳優）

3つのキスを贈る。君の心と唇、そして瞳に。

ナポレオン・ボナパルト（フランス第一帝政の皇帝）

おばあちゃんになっても、お姫さまだっこして。

川島なお美（タレント）

オレについてくれれば、間違いなくしあわせになれる。

坂本九（歌手）

あなたと一緒に歩く時、ぼくはいつもボタンに花をつけているような感じがします。

ウィリアム・M・サッカレー（イギリスの小説家）

私がお前を愛するごとく、お前も私を愛するならば、我々の恋を切り裂くナイフがあろうか。

ラドヤード・キプリング（イギリスの小説家）

性とは何か？

肉欲を愛に純化する動物は人間だけである。

ヨハン・ゲーテ（ドイツの詩人）

恋愛はただ性欲の詩的表現をうけたものである。

芥川龍之介（小説家）

恋は、ある点では獣を人間にし、他の点では人間を獣にする。

ウィリアム・シェイクスピア（イギリスの劇作家）

男女相愛して肉欲に至るは自然なり。肉交なき恋は、事実にあらずして空想なり。醒めてあとは夢の如し。第三者の目より恋する男女を見れば、ひとつの痴態に過ぎず。されど恋する男女にとりては、その痴態も真剣なり、真面目なり。

国木田独歩（小説家）

僕の所にはセックスの悩みがたくさん寄せられる。セックスそのものの問題は1割に過ぎず、9割はコミュニケーションの問題だったりするね。

加藤鷹（AV男優）

セックスするのに女性は理由、男性は場所がいるだけだ。

ビリー・クリスタル（アメリカの俳優）

人を愛するときに、わざわざ苦しみを求めてる馬鹿はいない。誰しも、愛の中に肉体の快楽を……しからずんば一種の肉体的快楽を期待して愛しはじめるのだ。

福永武彦（小説家）

快楽は求むべきものではなく、自然に来るのを待つべきものである。しかしそれは働いて待つべきものである。

雨宮敬次郎（明治の実業家）

本当に僕は幸福でした。もし快楽が幸福であるならばね。

オスカー・ワイルド（イギリスの劇作家）

人間の不幸のひとつは、彼らが性的魅力を失ってからもずっと後まで、性欲だけが残っていることだ。

サマセット・モーム（イギリスの劇作家）

肉欲に引き入れられる人々は、陥穽《かんせい》にはまった兎のごとくもがき苦しむ。肉欲の泥沼にはまったら最後、彼らは長く久しきに渡って、絶えず苦悩につまずく。

ブッダ（仏教の開祖）

セックスは愛を強めたり深めたりすることもある。また逆に破壊的に働くことだってある。

ヘンリー・ミラー（アメリカの小説家）

あらゆる動物において最も激しい欲望は肉欲と飢餓である。

ジョセフ・アディソン（イギリスの作家）

まさに快楽こそは、性的欲望の死であり、挫折である。

ジャン＝ポール・サルトル（フランスの哲学者）

性的な融合は現実的に、かつ絶対的に神聖だ。それはどんな体験においても発見できるような境地、つまり〈神聖意識〉を体験させてくれるものだ。

ヨーギ・バシャン（アメリカのヨガ導師）

友情とは何か？

もっとも親しき友人というのは、つねに兄弟のように退屈である。

萩原朔太郎（詩人）

恋愛は人を強くすると同時に弱くする。友情は人を強くするばかりである。

アベル・ボナール（フランスの詩人）

誰の友にもなろうとする人間は、誰の友人でもない。プフェッフェル（ドイツの植物学者）

あなたの友人があなたを裏切るようなことをしたからといって、あなたは友人の悪口を人に語ってはならぬ。長い間の友情がゼロになるから。

ジョン・ミリントン・シング（アイルランドの劇作家）

人々は悲しみを分かち合ってくれる友達さえいれば、悲しみを和らげられる。

ウィリアム・シェイクスピア（イギリスの劇作家）

友人はそれぞれ私たちの中にある世界を表している。その友人が来るまで生まれなかったにちがいない世界である。その出会いによってはじめて新しい世界が生まれるのだ。

アナイス・ニン（アメリカの作家）

友人の自由な会話は、どのような慰めよりも私を喜ばせる。

デイヴィッド・ヒューム（スコットランドの哲学者）

友情は成長の遅い植物である。それが友情という名に値する以前に、それは幾度か困難の打撃を受けて耐えなければならぬ。

ジョージ・ワシントン（アメリカの初代大統領）

友情は人生の酒である。

エドワード・ヤング（イギリスの詩人）

人生から友情を除かば、世界から太陽を除くにひとし。

マルクス・T・キケロ（共和政ローマ期の政治家）

友人同士は完全な平等のうちに生きる。この平等はまず第一に、彼らが会ったときに社会上のあらゆる相違を忘れるという事実から生まれる。

アベル・ボナール（フランスの詩人）

友人の苦難に同情することは誰にでもできるが友人の成功に同感するには、たいへんすぐれた性質が必要だ。

オスカー・ワイルド（イギリスの劇作家）

どんなに正しいことを言ったり、行なったりしたとしても、それがために友の感情を傷つけて友を失うようなはめになるのは、愚かなことである。

ホラティウス（南イタリアの詩人）

しばらく2人で黙っているといい。その沈黙に耐えられる関係かどうか。

セーレン・キェルケゴール（デンマークの哲学者）

全生涯を通じて幸福であるために知恵が用意してくれたもののうち、とりわけもっとも大きなものは、友情の獲得である。

エピクロス（古代ギリシャの哲学者）

汝の敵を愛するよりも汝の友をもう少しましに扱え。

エドガー・ハウ（アメリカの作家）

自殺を考えてしまったとき

人間は生きることが全部である。死ねばすべてなくなる。

坂口安吾（小説家）

この世を燃やしたって1番ダメな自分は残るぜ！

大槻ケンヂ（ロックミュージシャン）

生は永久の闘いである。自然との闘い、社会との闘い、他の生との闘い、永久に解決のない闘いである。闘え！　闘いは生の花である。みのりの多き生の花である。

大杉栄（思想家）

神様でさえ、人を裁くのに、その人の死後までお待ちになる。

サミュエル・ジョンソン（イギリスの文学者）

死のうと思っていた。今年の正月、よそから着物一反もらった。お年玉としてである。着物の布地は麻であった。鼠色の細かい縞目が織り込まれていた。これは夏に着る着物であろう。夏まで生きていようと思った。

太宰治（作家）

もっと人生を本当に楽しめるときがいつか訪れるだろう。その時をあなたは心待ちにしなさい。

ジョン・キーツ（イギリスのロマン主義詩人）

自殺するのなんてナルシストだけよ。

コートニー・ラブ（イギリスの歌手）

死ねば私の意識は確かに無となるに違いないが、肉体はこの宇宙という大物質に溶け込んで、存在するのをやめないだろう。私はいつまでも生き続けるのだ。

大岡昇平（小説家）

生が死の姿でないようにするのが勉学だ。

ディオニュシオス・カトー（金言編纂者）

人生に疲れたという人がいたら、それは人生のほうがその人間に疲れたのだと思えば間違いはない。

ジョージ・サンダース（イギリスの俳優）

如何に死ぬかを学べば、如何に生きるかも学べるんだよ。

ミッチ・アルボム（アメリカのコラムニスト）
『モリー先生との火曜日』（日本放送出版協会）

自分の価値は自分で決めることさ。つらくて貧乏でも自分で自分を殺すことだけはしちゃいけねぇよ。

勝海舟（政治家）

死して不朽の見込みあらばいつでも死ぬべし。生きて大業の見込みあらばいつでも生くべし。

吉田松陰（長州藩士）

生きている兵士の方が、死んだ皇帝よりずっと価値がある。

ナポレオン・ボナパルト（フランス第一帝政の皇帝）

世の中に実に美しいものがたくさんあることを思うと、自分は死ねなかった。だから君も、死ぬには美しすぎるものが人生には多々ある、ということを発見するようにしなさい。

ヘルマン・ヘッセ（ドイツの文学者）

いつまでも夢を見たい！

大きな夢を見ること。そして夢を追い、最後まで、実現するまで追い続けること。夢が完成するまで満足してはいけない。

ウォルト・ディズニー

（ウォルト・ディズニーカンパニー共同創業者）

決して自分の夢を人に奪われてはならない。心に描いたものが何であれ、自分の心に素直に従って生きてほしい。

ジャック・キャンフィールド

（アメリカの自己啓発作家）

夢とは目的地ではなく、旅なのです。

ダイアン・ソイヤー（アメリカのジャーナリスト）

僕は、本当は子どもなんか理解していない。もし、夢のある映画が僕に創れるとしたら、それは僕自身がいつまでも子どもだからさ。

スティーブン・スピルバーグ（アメリカの映画監督）

夢を持て！　でかければでかいほどいい。とにかく、夢を持て。

アントニオ猪木（元プロレスラー）

人生に夢があるのではなく、夢が人生をつくるのです。**宇津木妙子（元ソフトボール選手）**

人の夢の話をニコニコ聞ける人は、その人自身が夢を持っている人だ。

中谷彰宏（著述家）

人は世界一のゴミ収集人になれる。世界一のモデルにだってなれる。たとえ何をやろうと、それが世界一なら何も問題はない。

モハメド・アリ（アメリカの元ボクサー）

夢を持つのはやめなさい。「いつか、これをやろう」「やってみたいと思っていた」を禁句にする。思い立ったらすぐにやる。

森永卓郎（経済アナリスト）

あなたの大きな夢を萎えさせるような人間には近づくな。たいしたことない人間ほど人の夢にケチをつけたがるものだ。真に器量の大きな人間は自分にも成功できると思わせてくれる。

マーク・トウェイン（アメリカの作家）

ひとりで見る夢は夢でしかない。しかし誰かと見る夢は現実だ。**オノ・ヨーコ（前衛芸術家）**

夢見ることは、人間にとって大事なことです。心にも大事だし、体にとっても大事なのではないでしょうか。

五木寛之（小説家）

気高い夢を見ることだ。あなたは、あなたが夢見たものになるだろう。あなたの理想は、あなたがやがて何になるかの予言である。

ジェームズ・アレン（イギリスの哲学者）

多くの人は現状を見て、なぜこうなのかと問う。私は現実にない状況を夢見て、なぜそうではないのだろうと問う。

バーナード・ショー（イギリスの劇作家）

可能は不可能に尋ねた。「君の住所はどこ？」「無気力者の夢の中です」と不可能は答えた。

タゴール（インドの詩人）

【おことわり】

本書を編集する際に、古今東西、あらゆる書籍・雑誌・ウェブサイトなどの資料を参考にさせていただきました。出典元につきましては、できる限りの明記をさせていただきましたが、不明なものや曖昧なものに関しては表記を控えさせていただいております。読みにくいものは旧仮名使いを現代仮名使いに改めたり、出典元にルビがなくともルビをふったりしているものもございます。また、これらの名言には出典元以外でも登場していることも多々あります。翻訳や改訂で、本書と表現が異なる場合もございますので、御了承いただければ幸いです。

【参考文献】

『名言 ― 人生を豊かにするために』
「座右の銘」研究会（里文出版）
『座右の銘―意義ある人生のために』
「座右の銘」研究会（里文出版）
『人生の指針が見つかる「座右の銘」1300』
別冊宝島編集部編（宝島社）
『生きる力がわいてくる　名言・座右の銘1500』
インパクト（永岡書店）
『ギリシア・ローマ　名言集』柳沼重剛編（岩波書店）
『名言で学ぶ！　哲学入門』富増章成著（洋泉社）
『忘れてしまった哲学の名言』荒木清著（中経出版）
『20世紀名言集［スポーツマン編］』
ビジネス心理研究所編（情報センター出版局）
『世界の女性名言辞典』ＰＨＰ研究所編（ＰＨＰ研究所）
『すごい言葉』晴山陽一（文藝春秋）
『男の座右の銘』
山口拓朗監修（シンコーミュージック・エンタテイメント）
『心にズドン！　と響く運命の言葉』ひすいこたろう著（王様文庫）
『3秒でハッピーになる　名言セラピー』
ひすいこたろう著（ディスカヴァー・トゥエンティワン）
『世界の名言１００選』金森誠也監修（ＰＨＰ研究所）
『ことばの贈り物―達人たちの座右の銘２０３』
ＰＨＰ研究所編（ＰＨＰ研究所）
『人生を導く成功者からのメッセージ』
「座右の銘」研究会編（日東書院）
『心にのこる言葉―人生に絶対の座右の銘』堀秀彦著（大和書房）
『人生の指針が見つかる 恋愛の名言１３００』
別冊宝島編集部編（宝島社）
『35歳までに知っておきたい大人の名言』石原壮一郎（王様文庫）
『世界名言・格言辞典』マレー・モーリス編　島津智訳（東京堂出版）
『アインシュタイン１５０の言葉』
ジェリー・メイヤー編（ディスカヴァー・トゥエンティワン）
『人生がもっと豊かになる「お金」の格言１０００』
別冊宝島編集部編（宝島社）
・その他、雑誌やウェブサイトなども参考にしております。

会社に
行きたくないと
思った時に読む本
～心が軽くなる言葉90～

2015年1月13日　初版発行

著者　　ビジネス格言研究会

発行人　笠倉伸夫

編集人　海藤哲

発行所　株式会社笠倉出版社

〒110-8625

東京都台東区東上野2-8-7 笠倉ビル

TEL 0120-984-164（営業部）

TEL 03-4355-1105（編集部）

執筆　阿部光平

カバー＆本文デザイン　遠田智子（ラッシュ）

編集　伊勢新九朗（カワイオフィス）

印刷・製本　株式会社 光邦

郵便振替　00130-9-75686

ISBN 978-4-7730-8750-5